MARCO POLO

KARIBIK

W0323386

Schon die Anreise mit dem Kreuzfahrtschiff ist etwas Besonderes, denn vom Wasser aus erhalten Sie ganz neue Perspektiven auf Ihre Destination. Vielfältige Ziele, Kunst und Kultur, Land und Leute – auf einer Kreuzfahrt erleben Sie die ganze Vielfalt des Reisens. Und nicht nur das, die modernen Liner warten natürlich auch mit Unterhaltung und Entspannung an Bord auf. **Gute Reise und Schiff ahoi auf Ihrer Route rund um die Karibik!**

SYMBOLE

INSIDER TIPP Insider-Tipp
★ Highlight
Schöne Aussicht
Grün & fair: für ökologische oder faire Aspekte

PREISKATEGORIEN RESTAURANTS

€€€	über 12 Euro
€€	6–12 Euro
€	unter 6 Euro

Die Preise gelten für ein Hauptgericht und ein nicht alkoholisches Getränk

GUT ZU WISSEN
Geschichtstabelle → S. 8, Art Deco District → S. 16, Tiefe Flüsse fließen langsam → S. 19, Hemingway → S. 20, Auf Teller und Straße → S. 27, Mit Kindern → S. 28, Ganz schön verkalkt → S. 32, Mit Kindern unterwegs → S. 34, Achtung, Geheimnisträger! → S. 39, Mit Kindern → S. 40, Spezialitäten → S. 42,

KARTEN IM BAND
(1/A3) verweist auf die herausnehmbare Faltkarte

UMSCHLAG VORN:
Die wichtigsten Highlights

UMSCHLAG HINTEN:
Karte der Region

Die besten MARCO POLO Insider-Tipps

Von allen Insider-Tipps finden Sie hier die 15 besten

INSIDER TIPP Schwimmen wie die Stars
Palmengesäumtes Wasser, venezianisch angehauchte Atmosphäre – perfekte Kulisse für eine kleine Auszeit → S. 17

INSIDER TIPP Zutrauliche Knorpelfische
Das muss man einfach gesehen haben: Elegant gleiten zahlreiche Rochen vor der Insel Gibb's Cay durch das Wasser, wenn Boote in der Nähe sind (Foto o.) → S. 34

INSIDER TIPP Ivan Chef Justo
Im kuschligen Oberstübchen nahe der Uferstraße *Malecón* in Havanna verwöhnt das *Ivan Chefs Justo* seine Fans mit den fantasievollen kulinarischen Köstlichkeiten eines Spitzenkochs → S. 42

INSIDER TIPP Für Leckermäuler
Nichts für die schlanke Linie, aber zu lecker, um nicht zuzugreifen: feinste Pralinen, köstlicher einheimischer Kakao – und bei der Pralinenherstellung kann man auch noch zusehen → S. 43

INSIDER TIPP Bare Münze
Einst ruhten sie in Schatztruhen versunkener Schiffe, heute sind sie begehrte Souvenirs: In *Georgetown* auf *Grand Cayman* werden echte „Piratenmützen" verkauft → S. 46

INSIDER TIPP Herrenhaus mit schöner Aussicht
Bei einer Führung durch das *Greenwood Great House* können Sie im Inneren die originale Einrichtung bewundern und draußen einen fantastischen Blick von der Veranda genießen → S. 49

INSIDER TIPP Künstler und Kunstgewerbe
Die *Galería Bolós* in *Santo Domingo* begeistert mit ihrem ungewöhnlichen Gespür für Qualität und Originalität. Ob Karnevalsmasken, Holzfiguren, bunt bemalte Keramik oder Gemälde – nie handelt es sich um Dutzendware → S. 56

INSIDER TIPP Sehensucht nach Dünen
Im Naturpark *Las Dunas de las*

Calderas an der Südküste bei *Las Salinas* sind die Dünen höher und länger als der ganze Ort und bilden eine eindrucksvolle Barriere zur *Bahía de las Calderas* → S. 56

INSIDER TIPP **Voodoo-Bilder und Skulpturen**

Die *Haitian Caraibes Art Gallery* im dominikanischen *Las Terrenas* bietet eine gute Auswahl an außergewöhnlichem Kunsthandwerk – und sogar eine hauseigene Zigarrenmarke → S. 59

INSIDER TIPP **Schmerz, lass nach**

Ein Drink, der es in sich hat: Mindestens einen „Painkiller" muss man auf Jost van Dyke, der nordwestlichen Nachbarinsel von Tortola, probiert haben → S. 70

INSIDER TIPP **Ein Gläschen in Ehren ...**

Im *Musée du Rhum Saint-James* in *Ste-Marie* auf *Martinique* darf man zum Abschluss des Besuchs den hochprozentigen Exportschlager auch probieren → S. 80

INSIDER TIPP **Heile, heile, Pflänzchen**

Die heilsamen Kräfte der Aloe vera sind auch in Europa bekannt. Hier können Sie sich über die Herstellung wohltuender Produkte informieren (Foto u.) → S. 96

INSIDER TIPP **Zwischen Althippies und Rockern**

Todo Santos heißt der Fischerort, den Aussteiger und Individualisten lieben: Hier wird er wahr, der Traum vom relaxten Leben auf der Halbinsel *Baja California* → S. 113

INSIDER TIPP **Im Rausch der Tiefe**

Abtauchen in die Finsternis: Mit dem U-Boot geht es hinab bis in Gefilde, die normalerweise dem menschlichen Auge verschlossen bleiben → S. 124

INSIDER TIPP **Affen- und Wildkatzen-Obhut**

Im *Centro de Rescate Jaguar* an der Karibikküste werden verletzte, verwaiste und beschlagnahmte Wildtiere gepflegt → S. 129

LEINEN LOS

ENTDECKEN SIE DIE KARIBIK!

„Oh, island in the sun ..." Erinnern Sie sich an diese Textzeile, die einst Harry Belafonte sang, Sohn einer jamaikanischen Mutter und eines Vaters aus Martinique? Entstehen auch vor Ihrem inneren Auge Assoziationen an immerwährende Sonne, grün und blau schimmernde Gewässer, weiße Pudersandstrände, mit Zuckerrohr bepflanzte Hügel und dichte Regenwälder? Können Sie es kaum noch erwarten, dass Ihr Schiff Sie hinausträgt in diese fantastische Welt kleiner und großer Inseln, die sich wie eine Perlenkette südlich von Florida aus bis hinab vor die Küste Südamerikas ziehen und mit einer reichen Tier- und Pflanzenwelt aufwarten, die ihresgleichen sucht?
Der Insel, die Harry Belafonte seinem Song seinerzeit besang, ist zwar fiktiv, doch genauso gut könnte er jede Karibikinsel gemeint haben, die Sie auf Ihrer Kreuzfahrt durch diese Traumregion besuchen werden. Vielleicht summen Sie ja die Melodie sogar, wenn Ihr Schiff beispielsweise von ***Florida*** aus in Richtung der einzigartigen Inselwelt in See sticht. Und wenn Sie schon einmal in der Region sind, warum nicht vor dem großen Karibikabenteuer – keine Sorge, Captain Jack Sparrow wird aller

Bild: Blaues Meer, weiße Strände, Palmen: Das und mehr verspricht eine Karibikkreuzfahrt

Wahrscheinlichkeit nach nicht auf Sie lauern – auch einige Eindrücke von Florida selbst mitnehmen? ***Miami*** erwartet Sie nicht nur mit großartigen Museen, sondern auch mit dem einzigartigen Art-déco-Distrikt und in der Umgebung mit den Everglades und den ***Florida Keys*** – diese Inselkette wird Sie einstimmen auf das, was Sie noch erwartet.

Auf Ihrem Reiseweg könnten Sie auch auf den ***Bahamas***, die sich südlich von Florida erstrecken, haltmachen, ebenso auf den südöstlich davon gelegenen ***Turks- und Caicosinseln***. Einen Besuch wert ist auch die Küste ***Mexikos***; hier begegnen Sie zum ersten, aber sicher nicht zum letzten Mal auf Ihrer Reise den legendären Maya, deren heute noch anzutreffende Spuren von der hoch entwickelten Kultur dieses Volkes zeugen, das lange vor der Entdeckung des amerikanischen Kontinents durch Kolumbus in Mittelamerika lebte.

Ganz sicher werden auch die ***Großen Antillen*** auf Ihrem Programm stehen, die sich kulturell in mehrere Nationen teilen: ***Kuba***, die ***Dominikanische Republik*** und ***Puerto Rico*** sind so spanisch, wie die Konquistadoren sie nach ihrer Entdeckung vor 500 Jahren geprägt haben, wenngleich Puerto Rico seit Ende des 19. Jh.s zu den USA gehört. ***Jamaika*** und die ***Cayman Islands*** zählen zum englischen Sprachraum – ebenso wie die geografisch eigentlich nicht zur Karibik gehörenden Bahamas –, während in Haiti Französisch gesprochen wird. Auf Kuba, das sich allmählich dem Westen öffnet, erleben Sie mit uralten amerikanischen Straßenkreuzern eine Reise in die Vergangenheit, auf Jamaika erwarten Sie die typischen Reggae-Klänge, und die Cayman Islands sind weit mehr als nur ein Steuerparadies. Die Menschen, die auf all diesen Inseln leben, bilden ein buntes Völkergemisch: Hier finden sich die Nachfahren der afrikanischen Sklaven, der Einwanderer aus fast allen Ländern Europas, chinesischer, indischer und arabischer Geschäftsleute, von Süd- und Nordamerikanern und den ersten indianischen Einwohnern der Inseln. Religiöse, soziale, kulturelle oder politische Barrieren sind selten, und Sie werden vielfach auf freundliche Menschen und eine entspannte Lebensart treffen. Und das setzt sich auf den ***Kleinen Antillen*** fort: Wenn auch wie z. B. auf ***Barbados*** oder den kurz vor der Küste vor Venezuela liegenden ***Trinidad and Tobago*** britisch geprägt, gibt es mit ***Martinique*** oder ***Guadeloupe*** auch französische Enklaven, die tatsächlich als Überseegebiet noch zu Frankreich gehören. Und auch die Niederländer

Uralte Mayatempel, lässige Reggaesounds und Sprachenvielfalt

Ab 1000 v. Chr.
Aus dem Orinoko-Gebiet stammende Indianer besiedeln von Süd nach Nord den karibischen Raum

250–900 n. Chr.
Klassische Epoche der Mayakultur im Süden Mexikos; um 900 verlassen die Maya ihre Stadtstaaten

1492–94
Kolumbus landet 1492 auf Guanahani (vermutlich San Salvador, Bahamas). Er bereist die Karibik viermal, ihm folgen spanische Siedler

16.–18. Jh.
Zwischen den Inseln der Karibik treiben Freibeuter ihr Unwesen und stellen eine große Gefahr für Handelsschiffe dar

Eins von vielen Karibikparadiesen: die Bottom Bay auf Barbados

hinterließen in der Karibik einst ihre Spuren, so auf den ***ABC-Inseln*** Aruba, Bonaire und Curaçao. Hier können Sie den gleichnamigen Likör nippen, berühmt ist die Karibik aber auch für ihren Rum – der hat hier sein natürliches Habitat, gedeiht doch das für die Rumherstellung unverzichtbare Zuckerrohr im karibischen Klima aufs Beste. Vielleicht haben Sie das Glück und machen auf Ihrer Reise auch halt an den Küsten ***Kolumbiens*** im Norden Südamerikas und der mittelamerikanischen Staaten ***Panama, Costa Rica, Nicaragua, El Salvador, Honduras*** und ***Guatemala*** – Länder, die noch lange nicht so im Fokus stehen wie die Inseln der Karibik und doch mit einzigartigen Naturerlebnissen von Vulkanen bis Regenwald aufwarten.

17.–18. Jh.
Franzosen, Engländer und Holländer siedeln sich im karibischen Raum an. Die Inseln erleben als Zuckerproduzenten eine wirtschaftliche Blütezeit durch Einsatz afrikanischer Sklaven

1814/15
Verträge von Paris: Kuba, Puerto Rico und der Osten Hispaniolas bleiben spanisch, Jamaika und die Cayman Islands britisch

1834–63
Briten, Franzosen und Holländer heben die Sklaverei auf

1953–59
Revolution in Kuba und Machtübernahme durch Fidel Castro

RUND UM DIE KARIBIK

FEUCHTES PARADIES

Höhen von 40 m und mehr sind keine Seltenheit unter den Tausenden von Baumarten im Regenwald, der in der Karibik sowie Mittelamerika und auch Kolumbien anzutreffen ist. Tatsächlich beherbergt dieser Wald mehr als die Hälfte aller Tier- und Pflanzenarten weltweit. Das Leben im Dschungel spielt sich in stockwerkartigen Etagen ab – dunkel, heiß und extrem feucht am Boden; weitgehend unerforscht ist das Leben in den Baumkronen. Das stabilste, aber auch sensibelste Ökosystem der Erde, Millionen von Jahren alt, überstand Klimaschwankungen bis hin zur Eiszeit, ist heute jedoch durch den Menschen und die von ihm verursachten Umwelteinflüsse bedroht. Noch vor 50 Jahren bedeckten in Costa Rica der Regenwald (in den tropischen Tieflandregionen) und der Nebelwald (in Höhen ab 1000 m) über 70 Prozent des Landes.

GUT GEPANZERT

Die einen schätzen sie als Häppchen oder Suppe, die anderen als Schmuck: Trotz zahlreicher Artenschutzabkommen und gesetzlicher Bestimmungen werden Eier, Fleisch und Panzer der Schildkröten in den Tropen noch immer verwertet und exportiert. Einige Arten der Tiere, seit rund 100 Mio. Jahren auf der Welt, gehen heute ihrem Ende zu. In Costa Rica hat man sich ihrer angenommen, mehrere Forschungsstationen untersuchen, kennzeichnen, schützen sie und ziehen sie auch auf. An beiden Meeren

Bild: In den karibischen Regenwäldern warten üppiges Grün und exotische Tiere

Dichte tropische Regenwälder und weite Traumstrände treffen in der Karibik auf zahlreiche Zeugnisse einstiger Kolonialherren

des Landes schwimmen die Schildkröten zu Tausenden an den Strand, bei Hochwasser und Mondlicht, kriechen mühsam hinauf und graben 50 cm tiefe Löcher für ihre Eier. Einige der Tiere sind mehrere Hundert Kilo schwer, und entsprechend langsam gestaltet sich die nächtliche Prozedur, bei der Touristen – mit einigen Vorsichtsmaßnahmen, d. h. ohne Licht und Geräusche – zuschauen können. Die Eier werden in sechs bis acht Wochen von der Sonne ausgebrütet – falls sie niemand vorher ausgräbt –, und dann wühlen sich bis zu 100 kleine Schildkröten durch die Sandschicht nach oben und streben sofort dem Wasser zu. Viele erreichen ihr Ziel nicht und werden vorher zur Beute von Menschen, Vögeln und Fischen.

TANZENDE INSELN

Von den Großen Antillen aus haben viele Musikrichtungen und Tänze die Welt erobert: Aus Puerto Rico stammt die Salsa, aus Kuba kommen die Rumba, der Cha-Cha-Cha und auch der Son.

Von Congas und Rasseln begleitet, wird Son, der aus dem Spanischen übersetzt „Klang" heißt, in authentischen Bars auf Kuba zum Besten gegeben. Aus Jamaika stammen Ska, Reggae, Soca und das, was als Calypso bekannt geworden ist. Schon nachmittags werden riesige Soundsysteme in Kneipen und Straßen aufgebaut, wenn es abends eine Dancehall Session geben soll. Dann werden Ragamuffin-, Reggaeton- und Dancehall-Scheiben von DJs live gemixt und mit spontanen Wortspielen, Breaks und Rewinds als wahres Tongewitter zum Besten gegeben. In der Dominikanischen Republik ist schließlich der Merengue zu Hause. So unterschiedlich diese Musikrichtungen auch sein mögen, sie haben unverkennbar Gemeinsamkeiten: In ihnen mischen sich auf immer neue Art afrikanische Rhythmen mit europäischen Traditionen, oft mit einem kräftigen Schuss nordamerikanischer Popmusik versetzt.

VON HÜTTEN UND PALÄSTEN

Pastellfarbene Holzhäuschen, die sogenannten „gingerbread houses", finden sich überall in der Karibik, egal ob auf den englisch-, französisch- oder spanischsprachigen Inseln. Daneben gibt es die Prachtbauten der Kolonialherren: Stadtpalazzi im spanischen Stil des 16. und 17. Jh.s, mit kunstvoll verzierten Arkaden, Säulen, Balkonen und verwunschenen Innenhöfen, sind vor allem in den Altstädten von Havanna, Santo Domingo und San Juan zu finden. Sehenswert sind auch die Herrenhäuser der Zucker- und Kaffeeplantagen.

SÜSSES GOLD

Der Zucker regierte für lange Zeit das politische und soziale Leben auf den Großen Antillen und in anderen Teilen der Karibikregion. Die Inhaber der großen Plantagen lebten meist in ihren

Bunt gestrichene Häuser entlang der Straßen von San Juan auf Puerto Rico

Heimatländern und ließen ihre Besitztümer von Verwaltern führen. Die Gesetzgebung aber kam aus Spanien, England oder Frankreich und hatte mit den Bedürfnissen der Plantagenarbeiter oft wenig gemein. Reichtum und Macht lagen in den Händen weniger Familien, geschaffen von afrikanischen Sklaven, deren Gesundheit und oft genug Leben dem Luxus ihrer Herrschaften zum Opfer fielen. Erst der Anbau von Zuckerrüben in Europa brachte dem Plantagenwesen in der Karibik, und damit auch der Sklaverei, den Niedergang.

WO SICH DIE LOCKE KRÄUSELT

Sie leben auch in europäischen und nordamerikanischen Metropolen: die Rastafarians mit ihren langen, in verfilzten Dreadlocks herabhängenden Haaren. Und ihre Musik, der Reggae, ist um die Welt gegangen, gespielt von großen Stars der Popmusik wie Bob Marley und den Wailers oder Peter Tosh. Aber entstanden ist ihre Religion auf Jamaika, aus Jamaika stammt der Reggae, hier ringelten sich die Dreadlocks zuerst. Der Begriff „Babylon" fasst für die Rastafarians alles Weltliche, Verdorbene und Sündige zusammen, den Staat und die etablierte Kirche, kurz alles und jeden, das oder der nicht dem allein selig machenden Glauben an Haile Selassie Ras Tafari, den „Löwen von Juda" und einstigen Kaiser von Äthiopien, angehört.

FLUCH DER KARIBIK

Die Freibeuter, Piraten und Bukaniere waren im 16., 17. und 18. Jh. die wahren Herren der Karibischen See. Besonders die mit reichen Gold- und Silberschätzen aus der Neuen Welt beladenen spanischen Galeonen waren eine willkommene und oft auch leichte Beute. Henry Morgan, Blackbeard und all die anderen verwegenen Gesellen schreckten auch keineswegs davor zurück, selbst gut befestigte Städte auf den Inseln zu überfallen und auszuplündern. Ein Ende nahm das Piratenunwesen erst, als die europäischen Großmächte davon abließen, diese undisziplinierten und unberechenbaren Banden als Hilfstruppen in den Stellvertreterkriegen einzusetzen, die sie in der Karibik untereinander ausfochten.

WIRBELNDE WINDE

Nicht jede *hurricane season* beschert der Karibik einen gefährlichen Tropensturm, und nicht jeder Hurrikan, der eine der Inseln berührt, richtet auch gleich größere und dramatische Schäden an. Aber die Zahl und Stärke der Stürme hat in den letzten Jahren deutlich zugenommen. Dabei gilt: Je nördlicher die Inseln liegen, desto höher ist die Hurrikanwahrscheinlichkeit. Die Windward Islands und Barbados z. B. sind weniger betroffen als die Leeward Islands und die Virgin Islands. Die Spuren heftiger Stürme werden größtenteils innerhalb weniger Wochen beseitigt.

WEIT GEREIST

Christoph Kolumbus war der erste europäische Tourist in der Karibik. Heute weiß jeder Lokalpatriot auf den Antillen zu berichten, wann und auf welcher seiner Reisen Colón (so die spanische Version des Namens) die Inseln gesichtet oder „entdeckt" hat. Historisch gesichert sind die vermeintlichen Fakten nicht, denn Bordbuch, Augenzeugenberichte und die Karten des Entdeckerzeitalters stellen keine zuverlässigen Quellen dar. Aber vielleicht ist es ja auch gar nicht so wichtig ... Fest steht jedenfalls, dass sich sein Name auch in Südamerika etabliert hat: Kolumbien trägt schließlich seinen Namen zu Ehren des italienischen Entdeckers in kastilischem Auftrag.

FLORIDA/USA

Der American Way of Life ist ein Mythenmix aus Freiheit und Freizeit, Sonne und Sand, Optimismus und Offenheit, schnellem Geld und schnellem Genuss. Nirgendwo in den USA erleben Sie diese unbekümmerte Lebensart so ausgeprägt wie in Florida, dem Sunshine State. Tauchen Sie bei Ihrem Kreuzfahrtstopp also ein in dieses ganz eigene Lebensgefühl. Auf demselben Breitengrad wie Nordafrika aalt sich Florida glücklich und zufrieden unter meist blauem Himmel. Doch Florida bietet noch viel mehr als Sonne pur: Kunstmuseen und -galerien von Weltruf, wunderbare Naturschutzgebiete, eine hervorragende Küche und die besten Themenparks überhaupt! Langweilig wird Ihnen bei Ihrem Floridabesuch garantiert nicht – versprochen.

MIAMI

Vorne Strand, hinten Wildnis, von oben Sonne und mittendrin das quirlige Leben – das ist Miami, das Drehkreuz eines ganzen Kontinents. In dieser Stadt treffen die englischsprachigen USA auf das Spanisch sprechende Lateinamerika. Miami ist ein Phänomen: Die Stadt ist gerade mal 100 Jahre alt. In atemberaubendem Tempo hat sie sich von einem Fischerdorf zum internationalen Bankenzentrum, zu einer Touristenmetropole und neuerdings auch zum Trendsetter für die Kunstszene entwickelt. Mit der Ankunft der East Coast Railroad im Jahr 1896 begann der Aufstieg in die Stratosphäre des Reichtums. Die exo-

Bild: Breiter Strand und Hochhauskulisse: An Miamis South Beach geht das zusammen

Mehr als nur die sprichwörtliche Sonne: In Florida erleben Sie auch Kunst und Kultur und eine spannende Natur

tischste Metropole der USA ist kulturelles Patchwork. Kubaner machen mit den Einwanderern aus El Salvador, Nicaragua und Kolumbien weit über 50 Prozent der Bevölkerung aus. Mit ihnen hat sich Spanisch als zweite Verkehrssprache eingebürgert und der Stadt, die lange Zeit hauptsächlich ein Winterziel pensionierter Amerikaner aus dem Norden war, einen neuen Stempel aufgedrückt. Miamis Architektur bezieht dagegen ihre Anleihen eher von einem mediterranen Stil, der sich in wohlhabenden Vierteln wie Coral Gables und Coconut Grove gehalten hat.

SEHENSWERTES

BASS MUSEUM OF ART

An dieser spannenden Sammlung, die Teil des *Miami Beach Cultural Park* ist, bestechen ganz besonders die interessanten wechselnden Ausstellungen mit unorthodoxer Gegenwartskunst und -architektur. *Mi–Mo 10–17 Uhr | Eintritt 10 $ | 2100 Collins Av. | Miami Beach | thebass.org*

ART DECO DISTRICT

Pastelltöne in tropischen Farben. Stromlinienförmige Fassaden und Ornamente, die der Formensprache von Azteken und Mayas entliehen sind: Mit dieser Kombination haben die Architekten des Art-déco-Viertels eine amerikanische Ikone geschaffen. Dabei ist dem Widerstand einer einzigen Dame zu verdanken, dass die Prachtbauten es bis in die Gegenwart geschafft haben: Während des Baubooms der 1970er-Jahre wollten Investoren alles abreißen. Dank Barbara Capitman können Sie heute durch die Lobbys der Hotels streifen und dort die Kreativität zeitgenössischer Designer bewundern. Rundgänge starten am *Art Deco District Welcome Center (Fr–Mi 10.30, Do 10.30 u. 18.30 Uhr | Preis 25 $)*. Hier erhalten Sie auch Infos zu Touren in eigener Regie *(Di–Sa 10–17, So bis 19 Uhr | 1001 Ocean Drive | Miami Beach | Tel. 1 305 6 72 20 14 | www.mdpl.org)*.

COCONUT GROVE

Der Stadtteil im Süden Miamis konzentriert sich rund um den Kreuzungsbereich von Grand Avenue und McFarlane Road mit seinen vielen Bars und Straßenrestaurants. Zwei Gehminuten entfernt hat, verborgen in tropischem Dickicht, das älteste Haus Miamis (gebaut 1891) Überschwemmungen und Hurrikane überlebt. Als *Barnacle State Historic Site (Mi–Mo 9–17 Uhr | Eintritt 2 $, Führung 3 $ | 3485 Main Highway)* geschützt, erinnert es mit seinen weitläufigen Veranden an eine langsamere Zeit. Schöner Picknickplatz! In der Einkaufszone Coco Walk *(3015 Grand Av./Virginia Street)*, vor allem in der eleganten Mall Streets of Mayfair *(Grand Av./MacFarlane Road)*, tummeln sich Menschen aller Kulturen und Hautfarben.

CORAL GABLES *(🕮 2/E1)*

Der einst vornehmste Stadtteil Miamis entstand Anfang der 1920er-Jahre. Prachtboulevards, schattige Alleen mit mediterranen Villen und makellos manikürte Rasenflächen: Die Miracle Mile, die elegante Einkaufsstraße zwischen Douglas Road und Le Jeune Road, ist das Aushängeschild des Viertels. Sehenswert sind das innen mit kühlem Marmor ausgelegte *Colonnade Building (180 Aragon Av.)*, das Elternhaus des Erbauers von Coral Gables, George Merrick, das *Merrick House (Mi, So 13–16 Uhr | Eintritt 5 $ | 907 Coral Way)* sowie das prachtvolle, 1926 eröffnete *Biltmore Hotel (1200 Anastasia Av. | www.biltmorehotel.com)*, das seinen zuweilen prominenten Gästen Tennis- und Golfplätze sowie ein Polofeld bietet. Sonntags um 13.30 Uhr gibt es eine INSIDER TIPP einstündige Gratisführung durch die historische Herberge.

FAIRCHILD TROPICAL GARDEN *(🕮 2/E1)*

Nennen Sie es Augenweide oder sinnliche Reizüberflutung: mehr als 5000 tropische Pflanzen in einem Garten. *Tgl. 9.30–16.30 Uhr | Eintritt 25 $ | 10901 Old Cutler Road | Coral Gables | www.fairchildgarden.org*

HISTORYMIAMI *(🕮 1/A3)*

Auf zwei weitläufigen Etagen geht es hier um die Geschichte des Südwestens Floridas, insbesondere Miamis, der Keys und der Everglades. Lohnenswert und informativ sind die von INSIDER TIPP Experten angebotenen Stadtrundfahrten. *Di–Sa 10–17, So 12–17 Uhr | Eintritt 10 $ | 101 W Flagler Street*

MUSEUM OF CONTEMPORARY ART (MOCA)

Das berühmte MOCA zeigt hochkarätige moderne wie klassische Kunst. Sein Renommee verdankt es dem Gespür der Kuratoren für neue Trends und Talente. *Di–Fr 11–17, Sa 13–21, So 12–17 Uhr | Eintritt 5 $ | 770 NE 125th Street | North Miami | mocanomi.org*

PATRICIA AND PHILLIP FROST MUSEUM OF SCIENCE *(🕮 1/B–C2)*

Die ganze Welt der Wissenschaft interaktiv aufbereitet in einem spektakulären mehrstöckigen Bau mit Freiflächen. *Tgl. 9.30–17.30 Uhr | Eintritt 29 $ | 1101 Biscayne Blvd. | Coconut Grove | www.frostscience.org*

PÉREZ ART MUSEUM ★ *(🕮 1/C1)*

Das grandiose Pérez Art Museum im Museumspark ist seit 2013 der neue kulturelle Mittelpunkt in Downtown Miami. Das spektakuläre, von Herzog & de Meuron entworfene Gebäude beherbergt vor allem internationale moderne Künstler, darunter John Baldessari, Olafur Eliasson und Wifredo Lam. Jeden 2. Sa und jeden 1. Do im Monat kommt man umsonst hinein. *Fr–Di 10–18, Do 10–17, 1. Do im Monat 10–21 Uhr | Eintritt 16 $ | 1103 Biscayne Blvd. | Downtown | www.pamm.org*

INSIDER TIPP RUBELL FAMILY CONNECTION

Oft provokant, bietet die Sammlung moderner amerikanischer Kunst der Rubell-Familie einen einzigartigen Querschnitt durch die zeitgenössische Kunstszene des Landes. Anschauen! *Mi–Sa 10–17.30 Uhr | Eintritt 10 $ | 95 NW 29th Street | Miami Downtown/Wynwood Art District | rfc.museum*

INSIDER TIPP VENETIAN POOL *(🕮 2/E1)*

In den 1920ern entstand aus einem Korallensteinbruch dieses venezianisch inspirierte Schwimmbad, in dem Hollywoodstars der ersten Stunde planschten.

Ein Rausch der Farben am Ocean Drive im Art Deco District

Feb.–April Di–So 10–16.30, sonst Di–Fr 11–17.30, Sa–So 10–16.30 Uhr | Eintritt 15 $ | 2701 De Soto Blvd. | Coral Gables | www.coralgables.com

VIZCAYA MUSEUM AND GARDENS

Opulenz aus der Zeit, als Amerikas Anti-Trust-Gesetze noch neu und durchlässig waren: Die der italienischen Renaissance nachempfundene, palastähnliche Villa war Winterdomizil und Hobby des kunstsinnigen, mit Landwirtschaftsmaschinen reich gewordenen Industriellen James Deering. Ihre 34 Zimmer sind mit Antiquitäten aus aller Welt möbliert. Nicht minder sehenswert sind die weitläufigen Gärten auf dem 200 000 m^2 großen Gelände. *Mi–Mo 9.30–16.30 Uhr | Eintritt 18 $ | 3251 S Miami Av. | Coconut Grove | www.vizcaya.org*

THE WOLFSONIAN-FIU

Die Privatsammlung von Mitchell Wolfson jr. ist in einem bunkerähnlichen Gebäude mit Art-déco-Elementen untergebracht und liegt im Herzen des Art Deco District. Gezeigt werden Designobjekte aus der Zeit zwischen 1885 und 1945. Besonders interessant sind die Sammlungen zur British-Arts-&-Crafts-Bewegung und zum Art-nouveau-Stil in den Niederlanden und Italien. *Mo, Mi, Do, Sa 10–18, Fr 10–21, So 12–18 Uhr | Eintritt 12 $, Fr 18–21 Uhr gratis | 1001 Washington Av. | South Beach | www.wolfsonian.org*

Gediegenes Heim für Kunst: das Vizcaya Museum

WYNWOOD

Mit Street Art *(www.thewynwoodwalls.com)*, Street Food *(www.thewynwoodyard.com)* und hippen Cafés, z. B. Dr. Smood *(2230 NW 2nd Av. | www.drsmood.com)*, ist Wynwood binnen weniger Jahre zum angesagtesten Stadtteil Miamis aufgestiegen. Wo noch vor wenigen Jahren öde Lagerhallen vor sich hin vegetierten, vereint der nördlich von Downtown gelegene Stadtteil heute alles, was trendbewussten Zeitgenossen am Herzen liegt. Angefangen hat alles 2002, als die Art Basel in Miami einen Ableger installiert hat. Mittlerweile buhlen INSIDER TIPP rund 25 Galerien und um die 20 Restaurants, Cafés und Bars um die überwiegend junge Klientel.

ESSEN & TRINKEN

BARTON G.

That's entertainment: Jede Mahlzeit wird in extrem ungewöhnlicher Aufmachung serviert. Die Cocktails heißen dabei „Sin-Sation" oder „Buddhalicious", ein Gericht „Lured by Salmon". Das Ambiente ist elegant. *1427 W Av. | South Beach | www.bartong.com* | €€€

THE WYNWOOD YARD

Streetfood auf höchstem Niveau: In einem Hinterhof im angesagten Stadtteil Wynwood zeigen rund ein Dutzend Küchenchefs ihre Idee von modernem Fast Food. Probieren Sie Calypso Spare

TIEFE FLÜSSE FLIESSEN LANGSAM

Sagt ein Sprichwort. Doch das gilt nicht immer – die Everglades Floridas sind kein Sumpfgebiet, sondern ein Fluss mit extrem langsamer Fließgeschwindigkeit. Und der ist sage und schreibe 80 km breit, aber nur 15 cm tief! Seggen und sonstige Riedgräser verbergen nicht nur das Wasser, sondern auch die extrem langsame Strömung. Da der Höhenunterschied zwischen dem Inland und dem Golf von Mexiko nur 3 m beträgt, benötigt das Wasser rund ein Jahr, bis es nach 160 km im Meer ankommt. Die Sumpf- und Marschlandschaft, an leicht erhöhten Punkten von kleinen Waldinseln durchsetzt und von natürlichen Wasserläufen durchzogen, gilt als sehr empfindliches Ökosystem, das Alligatoren, Pelikanen und seltenen Fischarten eine Heimat bietet.

Ribs oder spanisch-asiatische Rice Bowls. Dazu: Livemusik und Yoga unter freiem Himmel. *56 NW 29th Street/The Lots | www.thewynwoodyard.com | €*

LIME FRESH MEXICAN GRILL
Lebhaftes Restaurant der mit einigen Tex-Mex-Grills an der Ostküste vertretenen Kette. Suchtgefahr bei Burritos und Fajitas! *3275 NE 1st Ave | Midtown | Tel. 1 305 7 89 02 52 | €–€€*

EINKAUFEN

AVENTURA MALL
Einkaufen ist für Amerikaner Kulturersatz. In diesem dreistöckigen Komplex mit 300 Geschäften können sich Shopaholics und Schnäppchenjäger mit Konsumgütern – von Surfer-Klamotten bis zum Designerkleid – eindecken. *19501 Biscayne Blvd. | Aventura | aventuramall.com*

ESPAÑOLA WAY
Romantisches Shopping: Wo einst Freudenhäuser standen, finden Sie heute funky Boutiquen, Kosmetiksalons und Läden für Designaccessoires. Zwischen Washington *Av. und Euclid Av. | South Beach*

LINCOLN ROAD MALL ★)
Sieben Blocks lange Fußgängerzone zwischen Washington Av. und Alton Road in South Beach mit über 170 Geschäften, 26 Galerien und 48 teils hervorragenden Restaurants und Bars. Straßenmusik, Farmers' Market *(So 9–19 Uhr)* und INSIDER TIPP Antikmarkt *(jeden 2. So im Winter)*. Das Aroma von Café cubano gibt's im *Lincoln Road Café (Nr. 943)*, die Studios talentierter Künstler aus allen Teilen der USA finden sich im *Art Center/South Florida (800, 810 und 924)*. News gibt es auf *lincolnroadmall.com*, einen Lageplan auf *www.lincolnroadmall.info*.

ZIEL IN DER UMGEBUNG

BISCAYNE NATIONAL PARK *(📖 2/E1)*
95 Prozent des 9000 km² großen Schutzgebiets in Sichtweite von Miami liegen unter klarem Wasser. Von einem Glasbodenboot aus können Sie einen Blick auf die faszinierende Unterwasserlandschaft mit bunten Fischen und erhabenen Schildkröten werfen, ohne dabei nass zu werden. *Biscayne Underwater Parks Tour Boat Office | Visitor Information | tgl. 8–17.30 Uhr | Tel. 1 305 2 30 72 75 | www.nps.gov/bisc/index.htm*

FLORIDA KEYS

Auf den Florida Keys betreten Sie eine Welt mit tropischem Flair und tiefenentspannten Bewohnern. Wenig erinnert hier an den Rest der USA.

Die Inseln ziehen sich als 180 km lange Kette vom Festland aus bis fast nach Kuba, verbunden durch den Overseas Highway, der mit 42 Brücken, darunter die 11 km lange Seven Mile Bridge, die Autofahrt über das offene Meer ermöglicht. Zahllose der 1000 kleinen Kalkstein- und Mangroveninseln sind nicht bewohnt. Wo Menschen leben, haben diese den Inseln mit sich ins Gesträuch duckenden Holzhäusern und schönen Jachthäfen ihren Stempel aufgedrückt.

HEMINGWAY

Auf Key West erlebte Ernest Miller Hemingway (1899–1961) eine seiner produktivsten Schaffensphasen, hier schrieb er während der 12 Jahre, die er auf der Insel verbrachte, u. a. „In einem anderen Land" und „Wem die Stunde schlägt". In seinem Roman „Der alte Mann und das Meer" verewigte der Schriftsteller die Keys. Seine einstigen Wohn- und Arbeitsräume sind heute Museum. *Hemingway Home | Tgl. 9–17 Uhr | Eintritt 13 $ | 907 Whitehead Street | www.hemingwayhome.com*

CONCH REPUBLIC

Die Insulaner der Florida Keys sind ein eigener Schlag. 1982 verließen sie kurzzeitig sogar die Staatengemeinschaft der USA, weil die Schmuggler jagende Bundespolizei sie zeitweilig nur gegen Vorlage ihres Passes aufs Festland ließ und sie damit wie Ausländer behandelte. Später lenkte Washington ein, doch das ausgeprägte Wirgefühl blieb – ebenso wie der Generalsekretär der Conch Republic, der gern feierlich die Staatsangehörigkeit der Muschelrepublik verleiht. Die Conch Republic *(www.conchrepublic.com)* unterhält bis heute ein Hauptquartier, wo Interessenten für 100 $ einen Pass beantragen können.

BUNTES GEMISCH

Die größte Vielfalt an Charakteren finden Sie am äußersten Punkt in Key West. Hier leben die sogenannten *conchs* (sprich: Konks), Alteingesessene, die sich nach

Gelassen das Leben genießen – der Key Spirit im Süden Floridas ist ein ganz eigenes Lebensgefühl unter tropischer Sonne

einer Muschelart benannt haben, eine große gay community, kubanische Flüchtlinge, Künstler und Studenten, die allesamt dem gemächlichen Tempo des Archipels, dem legendären *key spirit*, huldigen. Hektisch war das Leben hier jedoch noch nie, nicht einmal als Key West als Zwischenstopp der Liniendampfschiffe Richtung Golf von Mexiko und Karibik diente, und als Fischer, Naturschwammtaucher und eine Ananasfabrik dem Eiland im 19. Jh. Wohlstand bescherten. Aus den frühen Jahren sind viele Häuser geblieben, ihnen verdankt Key West seinen romantischen Charakter.

ZUTRAULICHE KNOCHENFISCHE

Auf den ersten Blick ist Robbie's Marina in Islamorada ein Angelveranstalter wie jeder andere. Die aufgeregten Menschen an der Pier lassen jedoch vermuten, dass hier noch mehr los ist. Alles begann mit Scarface, einem verletzten Tarpun (einem Vertreter der Gattung der Knochenfische), den Robbie gesund pflegte und danach wieder aussetzte. Der freigelassene Scarface kehrte jedoch zurück, andere Tarpune im Gefolge. Mit Eimern voller Sardinen machen sich die Besucher heute jeden Tag zum Ende des Piers auf, um dort Scarface' Erben zu füttern. Die immer hungrigen, bis zu zwei Meter langen Fische schießen dabei schon mal wie Raketen aus dem Wasser und bringen es zum Brodeln.

NATURSCHUTZ UNTER WASSER

Das Beste des 461 km² großen, 1963 gegründeten ★ John Pennekamp State Park liegt unter Wasser: ein wahrhaft beeindruckendes Farbenpanorama der Natur und Attraktionen wie die zweieinhalb Meter hohe Unterwasserstatue Christ of the Abyss. Der Park verfügt über mehrere Strände, Mangrovenwälder und ein Korallenriffaquarium.

PRAKTISCHE HINWEISE

ANLEGESTELLEN

Der Port of Miami besitzt mehrere moderne Kreuzfahrtterminals. Taxis und Mietwagenunternehmen stehen in allen Terminals für ankommende Passagiere zur Verfügung. In ca. 2,5 km Entfernung vom Hafen befindet sich eine Station der Bahnlinie Metrorail. Die Orange Line bringt Sie in das Stadtzentrum. Die Coral Way Route der Buslinie Miami Trolley hält ca. alle 15 bis 20 Minuten am Hafen.

EINREISE

Erforderlich ist der rote, maschinenlesbare Europa-Reisepass. Für neu ausgestellte Pässe sind auch biometrische Daten vorgeschrieben, sonst ist ein Visum wie bei einem Aufenthalt über drei Monate erforderlich. Nach Oktober 2006 ausgestellte Reisepässe müssen als sogenannte E-Passports zusätzlich über biometrische Daten in Chipform verfügen. Kinder benötigen einen eigenen Reisepass. Außerdem ist das elektronische Reisegenehmigungsverfahren ESTA Pflicht, das spätestens 72 Stunden vor Reiseantritt online beantragt werden muss (short.travel/frd7). Seit 2010 ist die ESTA-Beantragung gebührenpflichtig.

GELD, BANKEN & KREDITKARTEN

Banken (meist Mo–Do 10–15, Fr 10–17 Uhr) wechseln zwar kein Geld, lösen aber Reiseschecks ein und zahlen Bargeld über Kreditkarten aus. Das populärste Zahlungsmittel sind Kreditkarten. Mit europäischen Karten kann es zu Problemen kommen, wenn aus Sicherheitsgründen eine Postleitzahlabfrage verlangt wird. Auch mit der EC-Karte können Sie an Automaten, die Maestro akzeptieren, Geld abheben.

GESUNDHEIT

Die Notaufnahmen *(emergency rooms, ER)* der Krankenhäuser sind verpflichtet, alle Patienten zu behandeln. Von Ausländern verlangt man eine Kreditkarte. Schließen Sie unbedingt vor Reisebeginn eine Auslandskrankenversicherung ab!

MASSEINHEITEN

1 mile = 1,61 km
1 gallon = 3,787 l
1 pound = 453,59 g
77 Grad Fahrenheit = 25 Grad Celsius
95 Grad Fahrenheit = 35 Grad Celsius
Damengrößen (Kleider): 4 = 34; 6 = 36; 8 = 38; 10 = 40; 12 = 42 etc.
Herrengrößen: 36 = 46; 38 = 48; 40 = 50 etc.

NOTRUF

Kostenlose Rufnummer für Polizei und medizinische Notfälle: Tel. 9 11

POST

Postämter sind Mo–Fr 8.30–17, teils auch Sa 8.30–12 Uhr geöffnet. Ein Brief oder eine Postkarte nach Europa kostet 1,15 $.

PREISE

In der Regel werden in den USA die Preise ohne Steuer genannt. Es kommen also noch 6 Prozent sales *tax* hinzu sowie bei

Urlaub von Anfang bis Ende: die wichtigsten Informationen für Ihre Reise

Restaurants eine unterschiedlich hohe *tourist impact tax*. Ein wenig Rechenkunst ist beim Studium der Speisekarte oder sonstigen Preisangaben also gefragt.

TELEFON, HANDY & WLAN

In den USA werden fast ausschließlich Smartphones genutzt. Alle in Europa erworbenen Geräte der jüngeren Generationen funktionieren auch in den Netzen der USA. Dabei gelten die Bedingungen des jeweiligen Tarifs, die Ihnen bei der Einreise per SMS zugesendet werden. Wer mag, kann über seinen Anbieter auch Datenpakete für die Internetnutzung einkaufen. Ebenso wie das Telefonieren ist dies recht teuer, aber zugleich ungemein praktisch.

In den meisten Lokalen gibt es kostenloses WLAN, ggf. müssen Sie nach einem Passwort *(wifi code)* fragen. Die Vorwahl für die USA lautet 001, danach folgt eine dreistellige Vorwahl *(area code)*. Gespräche innerhalb der USA, egal ob Orts- oder Ferngespräch, beginnen mit der 1, gefolgt von Ortskennzahl und siebenstelliger Nummer. Gebührenfrei sind die Vorwahlen 800 und 888. Gespräche nach Deutschland: Direktwahl 01149 (Österreich 01143, Schweiz 01141), dann die Ortsvorwahl ohne 0 und die Nummer. R-Gespräche und T-Card-Anrufe (bei der Telekom kostenlos zu erfragen) unter: Tel. 0800 2 92 00 49.

TRINKGELD

Kellner erwarten 15 bis 20 Prozent vom Rechnungsbetrag. Nur in Touristenzentren ist das Trinkgeld *(gratuity, tip)* oft schon im Preis enthalten.

ZEIT

In Florida gilt Eastern Standard Time (MEZ –6 h), westlich der Linie Chattahoochee–Apalachicola Central Standard Time (MEZ –7 h). Sommerzeit ist vom zweiten März- bis zum ersten Novembersonntag.

ZOLL

Bei der Einreise in die USA sind zollfrei: 1 l Spirituosen, 200 Zigaretten oder 50 Zigarren. Viele, vor allem frische Lebensmittel dürfen nicht eingeführt werden. In die EU zollfrei eingeführt werden dürfen: 1 l Spirituosen, 200 Zigaretten oder 100 Zigarillos oder 50 Zigarren oder 250 g Tabak, 50 g Parfüm oder 250 g Eau de Toilette und andere Artikel (ausgenommen Gold) im Gesamtwert von 430 Euro bzw. unter 300 Franken für die Schweiz. Die Einfuhr von Korallen und Alligatorleder (Gürtel, Taschen) nach Europa ist verboten. Auch der Import von Muschelschmuck ist aus Artenschutzgründen nicht gestattet. Lediglich drei naturbelassene Muscheln pro Person sind erlaubt.

WAS KOSTET WIE VIEL?

Espresso	4 Dollar *im unabhängigen Café*
Wein	13 Dollar *ein Glas im Barton G.*
Snack	11 Dollar *Geflügelsalat im Bistro*
T-Shirt	24 Dollar *mit dem rosafarbenen Florida-Flamingo*

BAHAMAS

Im türkisblauen Wasser am Wendekreis des Krebses liegen auf der Great und Little Bahama Bank gut 700 größere Inseln und über 2000 Cayos oder Cays, winzige Riffinseln. Nur 30 der Inseln sind jedoch besiedelt, gerade 16 haben auch Hotels und Restaurants.

Ein ideales Revier also für moderne Robinsonurlauber und Wasserratten. Schwimmen, Tauchen, Schnorcheln und Segeln – dafür sind die Inseln ideal, ebenso ideal natürlich für einen Stopp auf einer Karibikkreuzfahrt. Sogar die Nationalparks der Bahamas liegen zumeist unter Wasser, denn die weitgehend unberührte Korallenwelt ist die schönste Attraktion der Inseln.

Nach gut 300 Jahren als englische Kolonie wurden die Bahamas 1973 unabhängig, blieben aber im Britischen Commonwealth. Rund 350 000 Einwohner hat der Inselstaat heute. Zu 85 Prozent sind sie Nachfahren der von den Plantagenbesitzern importierten westafrikanischen Sklaven. Die meisten Bahamaer leben auf nur zwei Inseln: auf New Providence mit der Hauptstadt Nassau und auf Grand Bahama. Die übrigen Eilande sind hingegen nur spärlich besiedelt. Landwirtschaft ist auf den Koralleninseln schlecht möglich und auch Fischfang sowie Salzgewinnung geben nur einem geringen Teil der Einwohner Arbeitsplätze. Daher sucht der Staat sein Heil im Tourismus und im internationalen Banking: Fast 400 Geldinstitute bieten in Nassau den Steuerflüchtigen einen sicheren Hafen.

Bild: Die farbenfrohen Häuser sind ein Wahrzeichen Nassaus

Baja mar, „seichtes Meer", tauften die spanischen Eroberer die inselübersäten Schelfbänke zwischen Florida und der Südspitze Kubas

NASSAU

(🕮 4/B2) **Mit nur 35 km Länge gehört die Insel nicht zu den größten im Land, doch New Providence ist der touristische Nabel der Bahamas.**

Hier halten sich die meisten Urlauber auf, hier leben 70 Prozent der rund 350 000 Bahamaer, zumeist in der Hauptstadt Nassau im Nordosten. Das andere Urlauberziel ist Paradise Island, eine kleine vorgelagerte Insel mit palmengesäumten Stränden, Resorthotels und einem Kasino. Der Aufschwung der Stadt begann 1940, als der Herzog von Windsor, der abgedankte englische König, Generalgouverneur der Bahamas wurde und Nassau zum skandalumwitterten Treff von Adel und Geldadel avancierte. Megahotels, florierende Bankgeschäfte und ein großer Kreuzfahrthafen sorgen heute für reges Treiben. Werden Sie Teil dieses Treibens, sobald Ihr Schiff im Hafen festgemacht hat und Sie von Bord gegangen sind!

SEHENSWERTES

ALTSTADT

Das Herz der Altstadt Nassaus pocht am Hafen, wo an der Prince George Wharf die großen Kreuzfahrtschiffe ankern. Davor liegen Rawson Square und Parliament Square, an dem die bahamaische Regierung in fotogenen rosafarbenen Kolonialbauten von 1805 residiert. Vor dem Parliament Building thront eine Statue der jungen Königin Victoria. Unmittelbar davor verläuft die Bay Street, die Hauptschlagader Nassaus gen Westen: Hier liegt das Geschäftszentrum der Stadt mit Tax-free-Shops, Lokalen, Schmuckgeschäften und Souvenirläden. Im bunten Straw Market werden Strohhüte (daher der Name), Postkarten und günstiges Kunsthandwerk angeboten (Handeln um den Preis ist hier Tradition). Auf der George Street in südlicher Richtung passiert man die 1841 erbaute Christ Church Cathedral und steht dann vor dem imposanten, 1801 errichteten Government House, dem Sitz des englischen Generalgouverneurs. Jeden zweiten Samstag des Monats um 10 Uhr wird wie in London mit viel Pomp der Wachwechsel zelebriert.

FORT FINCASTLE

Eine Festung von 1787: Vom 38 m hohen Wasserturm bietet sich ein toller Blick über die Stadt. Von der Altstadt gut zu erreichen über die 66 Stufen des Queen's Staircase. *Tgl. Führungen 8–16 Uhr | Eintritt 1 B$*

JOHN WATLINGS DISTILLERY

Bei einer kostenlosen Führung erfahren Sie alles über das Nationalgetränk der Bahamas. *Tgl. 10–18 Uhr | 17 Delancy Street*

NATIONAL ART GALLERY

Fröhlich bunt sind die Werke der bahamischen Künstler oft, die hier in einer wunderbaren alten Villa gezeigt werden.

Vor dem Regierungsgebäude wacht die Statue von Christoph Kolumbus

AUF TELLER UND STRASSE

Sie stehen auf jeder Speisekarte, mit ihren Schalen werden Straßen geschottert, und am Souvenirstand schimmern sie einladend: Die Rede ist von den Conchs, jenen großen, schön gezackten Meeresschnecken, die überall auf den Sandbänken vor den bahamaischen Küsten vorkommen. Vier Jahre braucht eine Conch („konk" ausgesprochen), bis sie erwachsen ist, ältere werden bis zu 3 kg schwer und 40 cm lang. Das weibliche Tier legt bis zu 1 Mio. Eier ab, aber das reicht kaum für den Heißhunger der Bahamaer. Gebeizt in Limonensaft und mit scharfen Chilis *(scorched conch)*, weich geklopft und frittiert (*cracked conch)*, als Chowder-Suppe oder conch salad kommt das Fleisch auf den Tisch. Doch so schön die Schalen auch glänzen, als Souvenir taugen sie nicht – denn die Conch gilt in anderen Ländern als bedrohte Art, fällt deshalb unter das Washingtoner Artenschutzabkommen und darf nicht ausgeführt werden.

Meist gibt es in Sonderausstellungen auch die Karnevalskostüme des Junkanoo zu bewundern. *Di–Sa 10–17, So 12–17 Uhr | Eintritt 7 B$ | West Street/West Hill Steet | nagb.org.bs*

PARADISE ISLAND

Die 5 km lange Insel vereint alle Zutaten für den perfekten Urlaubscocktail: Shoppingarkaden, ein Kasino mit Glitzershows, einen Golfplatz, kristallklares Wasser und einen Traumstrand mit puderfeinem Sand, der sich an der ganzen Nordseite der Insel hinzieht. *Brücke nach Nassau | Mautgebühr 2 B$*

POMPEY MUSEUM

Im alten Sklavenmarkt von 1769 wird die Geschichte der Sklaverei auf den Bahamas nacherzählt. *Mo–Sa 9.30–16.30, Do bis 13 Uhr; zeitweilig wegen Renovierung geschl. | Eintritt 3 B$ | West Bay Street/ George Street | www.ammcbahamas.com*

SEAWORLD EXPLORER

Ein Ausflug unter Wasser für Wasserscheue: Per U-Boot geht es zu Korallen und bunten Fischen. *Fahrpreis 49 B$ | Abfahrt beim Straw Market im Kreuzfahrthafen | Tel. 3 56 25 48 | www.bahamas.com/vendor/seaworld-explorer*

ESSEN & TRINKEN

CAFÉ MATISSE

Ein beliebtes Bistro in der Altstadt. Italienische Küche, schön zum Lunch im idyllischen Innenhof. *Bank Lane | Tel. 3 56 70 12 |* €€

GOLDIE'S CONCH HOUSE

Man kann in dieser bahamaischen Fast-Food-Hütte direkt zusehen, wie die Conchs zubereitet werden. Dazu gibt es auch frischen Fisch und kaltes Bier. *Arawak Cay | Tel. 3 25 43 00 |* €

GRAYCLIFF

Dieses Gourmetrestaurant residiert stilvoll in einer prachtvollen Kolonialvilla. Serviert wird französisch inspirierte karibische Küche, dazu verfügt das Haus über den besten Weinkeller aller Bahamas-Inseln. Jackettpflicht. *West Hill Street/ Blue Hill Road | Tel. 3 02 91 50 | www.graycliff.com |* €€€

Die „schwimmenden Schweine" von Big Major

EINKAUFEN

Von originellen T-Shirts bis zu Parfum und Edeluhren: Was Sie an der Bay Street und im Straw Market nicht finden, das gibt es nicht auf den Bahamas.

FREIZEIT & SPORT

DOLPHIN ENCOUNTERS

Sie haben Lust, Ihren Kreuzfahrtaufenthalt mal etwas anders zu gestalten? Hier ein besonderer und ganz bestimmt unvergesslicher Tipp: Schwimmen mit Delfinen und Seelöwen in einer natürlich gestalteten Lagune auf einer vorgelagerten Insel. *109–350 B$ | Abfahrt am Fährgebäude der Paradise Island Bridge | Nassau | Tel. 3 63 10 03 | www.dolphinencounters.com*

MIT KINDERN

Zu Besuch bei Captain Blackbeard und seiner Schiffscrew auf seinem Schiff Revenge: Das exzellent gestaltete Multimediamuseum *Pirates of Nassau* lässt die Welt der Freibeuter wiederauferstehen. *Mo–Sa 9–18, So 9–12 Uhr | Eintritt 13 B$, Kinder bis 17 Jahre 6,50 B$ | Marlborough/ George Street | Nassau | Bahamas | www.piratesofnassau.com*

ZIELE IN DER UMGEBUNG

EXUMAS ★

Wenn Sie auf Ihrer Kreuzfahrt ausreichend lange Zeit haben, sollten Sie sich dieses Erlebnis nicht entgehen lassen: Bei einer Tagestour zu den unbewohnten Inseln der nördlichen Exumas erleben Sie die Bahamas von ihrer schönsten Seite: In rasanter Powerboat-Fahrt geht es über das türkisfarbene Wasser. In den Pausen kann man schnorcheln, baden und Iguanas (Leguane) beobachten. *Powerboat Adventures | ca. 200 B$ | Tel. 3 63 22 65 | www.powerboatadventures.com*

Von George Town (1500 Ew.) auf Great Exuma führt ein beliebter Bootsausflug nach INSIDER TIPP Big Major, wo die mittlerweile berühmten „schwimmenden Schweine" leben – verwilderte Hausschweine mit Leidenschaft fürs Wasser *(Tagestour ca. 180 B$ | www.exumawatertours.com)*.

SAN SALVADOR *(4/C3)*

Das ist sie also, die Kolumbus-Insel Guanahani, auf der Cristobal Colón 1492 erstmals die Neue Welt betrat. Die Historiker streiten sich zwar, doch die Lagunen im Binnenland der kaum 20 km langen Insel scheinen das Logbuch von Kolumbus zu bestätigen. Das wichtigste der gleich vier Kolumbus-Denkmäler, ein großes, weißes Kreuz, steht etwa 5 km südlich der einzigen Stadt Cockburn Town am Strand. An der Nordspitze der Insel steht das Dixon Hill Lighthouse, das seit seiner Erbauung 1856 mit Kerosin betrieben wird.

PRAKTISCHE HINWEISE

Bahamas: die wichtigsten Informationen für Ihre Reise

ANLEGESTELLE

Kreuzfahrtschiffe machen im Hafen von Nassau am Prince George Dock fest. Das Prince George Dock liegt zentrumsnah, Sie können die Innenstadt von Nassau fußläufig in ca. einer Viertelstunde erreichen.

BUSFAHREN

In Nassau verkehren preiswerte Jitney-Busse. Eine einfache Strecke kostet ca. 1 B$. Die Busse fahren häufig und man kann mit ihnen die ganze Insel erkunden.

EINREISE

Für die Einreise auf die Bahamas benötigen Sie einen noch sechs Monate gültigen Reisepass. Wenn die Anreise auf Ihrer Kreuzfahrt über die USA führt, ist ein maschinenlesbarer Pass erforderlich; neu ausgestellte Pässe müssen biometrische Daten enthalten.

GELD & KREDITKARTEN

Restaurants und Geschäfte akzeptieren Mastercard und Visa. Sie können mit der EC-Karte an Geldautomaten Geld abheben – das ist günstiger als mit der Kreditkarte.

GESUNDHEIT

Es empfiehlt sich, eine Auslandskrankenversicherung abzuschließen. Trinken Sie nur abgekochtes Wasser oder solches, das in Flaschen abgefüllt ist. So vermeiden Sie Infektionsrisiken.

INTERNETCAFÉS & WLAN

Auf den Bahamas sind Webcafés und Hotspots nur in Nassau und Freeport zu finden. WLAN und Internetkioske im Welcome Center des *Festival Place | Prince George Wharf | Nassau*

NOTRUF

Die Notrufnummern auf den Bahamas lauten 911 und 919.

PREISE UND WÄHRUNG

Auf den Bahamas ist der Bahamas-Dollar die einheimische Währung. Diese ist 1 : 1 an den US-Dollar gekoppelt. Der US-Dollar wird als Zahlungsmittel ebenfalls akzeptiert. Auch die Zahlung mit gängigen Kreditkarten ist möglich.

WAS KOSTET WIE VIEL?

Restaurant	20 B$ *3-Gänge-Menü in einem Mittelklasse-restaurant*
Wasser	1,50 B$ *1 Glas (0,33 l)*
Nahverkehr	1,30 B$ *Einzelfahrschein*

TURKS- UND CAICOSINSELN

Die Turks- und Caicosinseln, die gerade einmal auf 40 Regentage pro Jahr kommen, stehen völlig zu Unrecht im Schatten der benachbarten Dominikanischen Republik.

Die Caicosinseln liegen im Nordwesten des Archipels, auf der Insel Providenciales leben auch die meisten Menschen. Deutlich kleiner sind die Turks Islands im Südwesten, mit der Hauptinsel Grand Turk und der Hauptstadt Cockburn Town. Man ist stolz hier – darauf, zur britischen Krone zu gehören, denn die Turks- und Caicosinseln sind britisches Überseegebiet, Königin Elisabeth II. wird vor Ort vertreten durch einen Gouverneur. Und natürlich auf die atemberaubende Natur: das Meer, das zu allen Wassersportarten einlädt, die traumhaften Strände, die besondere Tier- und Pflanzenwelt wie den nur hier beheimateten Turks and Caicos Rock Iguana, eine Leguanart, und zahlreiche Unterwasserhöhlensysteme. Und nicht zuletzt darauf, dass der amerikanische Astronaut John Glenn nach seiner Erdumrundung in einer Atlas-Rakete im Jahr 1962 seine Füße zuerst auf den Boden von Grand Turk setzte.

GRAND TURK ISLAND

Salz war es, das die ersten Siedler, britische Kolonisten, im Jahr 1681 von Bermuda aus auf die Insel verschlug. Sie waren jedoch nicht die ersten Bewoh-

Bild: In allen Blautönen schimmert das Wasser vor Grand Turk Island

Ein wahrer Karibiktraum: 100 Inseln, türkisfarbenes Meer und strahlend blauer Himmel, der sich unendlich weit zu wölben scheint

ner von Grand Turk Island, denn lange vor ihnen lebten hier die Taíno, die vermutlich um 700 v. Chr. von Süden her einwanderten und im frühen 15. Jh. ausstarben.

Die neuen Bewohner legten Salinen auf der Insel an, die insbesondere zu Beginn des 20. Jh.s florierten. Während sich die Salinen ab den 1950er-Jahren aufgrund zu geringer Produktionsmengen im Niedergang befanden, blieben viele der Kolonialbauten aus der Zeit der zweiten Besiedlung erhalten, besonders schön zu sehen in der *Duke* und der *Front Street* in Cockburn Town, das seit 1766 Hauptstadt der Turks- und Caicos-Inseln ist. Aber auch von den einstigen Salinen sind noch immer Überreste vorhanden, so befinden sich z. B. in der Nähe des Kreuzfahrtterminals die Reste der Saline *Hawkes Nest*. Eine weitere Reminiszenz an den Abbau des weißen Goldes sind die frei laufenden Esel, Nachfahren der Tiere, die zur Arbeit in den Salinen eingesetzt wurden und die Ihnen vielleicht bei Ihrem Landgang begegnen werden.

SEHENSWERTES

GRAND TURK LIGHTHOUSE

Einzigartig – der 1852 erbaute Leuchtturm ist der einzige auf den gesamten Turks- und Caicosinseln. Seinen einstigen Zweck, Schiffe sicher an der riffbewehrten Nordküste von Grand Turk vorbeizuleiten, erfüllt der Leuchtturm heute nicht mehr, doch mit seinem leuchtend weißen Anstrich ist er eine sehenswerte Landmarke vor dem klaren blauen Meer. Das Areal rund um den Leuchtturm kann gegen Entgelt besichtigt werden. Vom Leuchtturm aus führt ein malerischer Pfad entlang der Küste. *Tgl. zugänglich | Eintritt 3 US$ | Lighthouse Road*

HER MAJESTY'S PRISON

Das im frühen 19. Jh. erbaute und im Laufe der Jahre erweiterte Gefängnis (das einzige der gesamten Inselgruppe) mit seinem Glockenturm, der mit seinem Läuten den Beginn und das Ende der Arbeitszeiten der Insassen ankündigte, diente noch bis 1994 seinem Zweck und kann heute besichtigt werden. *Geöffnet, wenn Kreuzfahrtschiffe im Hafen liegen | Eintritt 7 US$ | Pond Street, Cockburn Town*

THE SALT HOUSE

Das kleine Museum mit angegliedertem Café und Souvenirshop bietet Besuchern einen Einblick in den früheren bedeutendsten Wirtschaftsfaktor der Insel, die Salzgewinnung. Zu besichtigen ist u. a. eine Ausstellung zu den sogenannten *Bermuda Sloops*, Booten, die zum Salztransport eingesetzt wurden. Außerdem zu sehen: Salzkanäle und eine funktionstüchtige Windmühle. *Geöffnet, wenn Kreuzfahrtschiffe im Hafen liegen | Eintritt frei | Osborne Rd, Cockburn Town*

GANZ SCHÖN VERKALKT

Die Turks- und Caicosinseln bestehen vorrangig aus Kalkgestein, das sich überall auf sämtlichen Inseln als Hauptgesteinsart wiederfindet. Die Witterungsanfälligkeit von Kalkstein präsentiert sich in zahlreichen Erscheinungsformen. Besonders bemerkenswert ist der Prozess der Verkarstung, der sich vor allem in den Höhlen und den *Blue Holes* zeigt. Außerordentlich eindrucksvoll sind das Ocean Hole auf Middle Caicos und die Conch Bar Caves, ein großes Höhlensystem, ebenfalls auf Middle Caicos.

Fast wie im Paradies: einsame Strände und das weite Meer unter blauem Himmel auf Middle Caicos

TURKS AND CAICOS NATIONAL MUSEUM

Was könnte passender sein, als dass sich ein Museum zur Inselgeschichte an der historischen *Front Street* in Cockburn Town im *Guinep House*, einem der ältesten Gebäude der Insel, befindet? Das 1991 eröffnete Museum widmet sich insbesondere dem *Molasses Reef Wreck*, dem Wrack einer spanischen oder portugiesischen Karavelle aus dem 16. Jh., die an dem Riff vor Providenciales zerschellte und sank. Ein anderer Ausstellungsschwerpunkt sind die *Taíno*, die ersten Ureinwohner der Insel. *Wechselnde Öffnungszeiten (Informationen unter www.tcmuseum.org, Rubrik Tours) | Eintritt 5 US$ | Guinep House, Front Street, Cockburn*

WALBEOBACHTUNG ★

In den Wintermonaten haben Sie die Gelegenheit, vor Grand Turk Buckelwale zu beobachten, die die Inseln auf ihrer Reise vom Nordatlantik in die Karibik passieren. Ein besonderes Erlebnis bietet *The Humpback Dive Shack*: schwimmen Auge in Auge mit einem Buckelwal! Der Anbieter legt Wert auf einen rücksichtsvollen Umgang mit den Tieren, diese werden weder bedrängt noch gejagt. Die Touren finden von Januar bis April in der Regel von 9 bis 13 Uhr statt. Für Kreuzfahrtgäste werden auch Sonderzeiten, angepasst an den Schiffsaufenthalt, und ein Transfer von und zum Schiff angeboten. *140 US$ | Close Haul Road | www.humpbackdiveshack.com*

ESSEN & TRINKEN

SANDBAR RESTAURANT

Essen und Trinken mit Aussicht – und was für einer! Der Name verrät es schon, die Strandbar liegt unmittelbar am Wasser und bietet einen unvergleichlichen Blick

MIT KINDERN UNTERWEGS

Sie möchten mit Ihren Kindern mehr unternehmen, als nur einen Tag am Strand zu verbringen, und ihnen die spannende Vogelwelt auf Grand Turk näherbringen? Mieten Sie sich am besten einen Wagen (auch am Grand Turk Cruise Center sind Mietwagen erhältlich) und steuern Sie auf der kleinen Insel die besten Orte zur Vogelbeobachtung an. Dies sind u. a. die Salinen, North Wells und South Wells sowie die Mangrovenmarschen South Creek und North Creek. Hier können Sie z. B. Flamingos und Reiher beobachten. Die kostenpflichtige PDF-Broschüre *„Birding in Paradise"* bietet das UK Overseas Territorium Conservation Forum auf seiner Website (*www.ukotcf.org, Rubrik Territories & Tours)* an. Diese führt Sie zu den besten Vogelbeobachtungspunkten der Insel.

auf das Meer – und wenn Sie Glück haben und zur richtigen Zeit am richtigen Ort sind, auch auf die vorbeiziehenden Wale. Auf der Speisekarte finden sich frische Muscheln *(conch)*, und eine Empfehlung sind die Cocktails auf Rumbasis. *Manta House | Duke Street | Tel. 649 243-2666 | www.grandturk-mantahouse.com/sandbar.htm*

Maritimes Highlight am Strand von Gibb's Cay

TURKS HEAD INNE

Koloniale karibische Kulisse vom Feinsten, und das auch noch geschichtsträchtig: Das Gebäude wurde um 1830 errichtet und diente u. a. als Gästehaus des britischen Gouverneurs und als amerikanisches Konsulat. Spezialitäten des Restaurants in dem Boutiquehotel sind die Pizzas und das hausgemachte Eis. *Cockburn Town | Tel. 1 649 946 1830 | www.turksheadinne.com*

ZIEL IN DER UMGEBUNG

INSIDER TIPP GIBB'S CAY

Das Inselchen liegt ca. 1,5 km von der Ostküste von Grand Turk entfernt und bietet nicht nur einen fantastischen Strand, sondern auch ein einzigartiges Naturschauspiel, das seinesgleichen sucht: die zahlreichen Stachelrochen, die sich versammeln, wenn Boote ankommen. Wer diese einmaligen majestätischen Tiere einmal in freier Natur erleben möchte, sollte sich diese Gelegenheit nicht entgehen lassen. Für Kreuzfahrtgäste werden spezielle Ausflugstouren nach Gibb's Cay ab dem Kreuzfahrtterminal angeboten, andere starten von der Inselhauptstadt Cockburn Town.

PRAKTISCHE HINWEISE

Turks- und Caicosinseln: die wichtigsten Informationen für Ihre Reise

ANLEGESTELLE

Kreuzfahrtschiffe machen auf Grand Turk Island am südlichen Ende der Insel fest. Der Hafen auf Grand Turk ist zudem der einzige auf der Inselgruppe, an dem überhaupt Kreuzfahrtschiffe anlegen. Die Insel verfügt über das über 50 000 m² große Grand Turk Cruise Center, in dem sich Geschäfte, ein Margaritaville-Restaurant und ein großer Swimmingpool befinden. Außerhalb gibt es zudem den Cruise Center Beach, an dem Kreuzfahrtpassagiere ihren Aufenthalt verbringen können, wenn sie keine Ausflüge auf der Insel planen.

GELD & KREDITKARTEN

Auf den Turks- und Caicos-Inseln wird ausschließlich mit dem US-Dollar bezahlt. Die gängigen Kreditkarten werden in vielen Geschäften und Restaurants akzeptiert.

GESUNDHEIT

Krankenhäuser befinden sich auf den Inseln Providenciales und Grand Turk. Der Abschluss eine Auslandskrankenversicherung empfiehlt sich. In der Regensaison von April bis Juli sollte an Mückenschutz gedacht werden. Korallensumach kann bei Berührung Ausschlag verursachen. Seine gelben Früchte sind hochgiftig.

HANDY & INTERNET

Auf den Turks- und Caicosinseln können Sie mit Handys telefonieren, die dem GSM- oder dem CDMA-Standard entsprechen. Auf den Inseln gibt es die Mobilfunkgesellschaften Digicel und Flow. Für häufigere Telefonate kann es sich empfehlen, eine SIM-Karte der örtlichen Netzbetreiber zu erwerben. Auf den Inseln herrscht der 4G-Mobilfunkstandard. WLAN ist in zahlreichen Cafés und Restaurants verfügbar. Vorwahl für die Turks- und Caicos-Inseln: *+1 649*.

SPRACHE

Die Amtssprache auf den Turks- und Caicosinseln ist Englisch.

STRÄNDE

Die Strände auf den Turks- und Caicosinseln sind kostenlos zugänglich, Privatstrände existieren nicht.

VERKEHRSMITTEL

Auf Grand Turk gibt es keinerlei öffentlichen Nahverkehr. Wer die Insel auf eigene Faust erkunden möchte, ist daher auf Mietwagen und Taxis, die auch am Kreuzfahrtterminal gebucht werden können, angewiesen.

WAS KOSTET WIE VIEL?

Cappuccino	6 US$ *1 Tasse*
Mittagessen	20 US$ *mit Getränk*

GROSSE ANTILLEN

Immerwährende Sonne, grün und blau schimmernde Gewässer, weiße Pudersandstrände, mit Zuckerrohr bepflanzte Hügel und dichte Regenwälder – all das haben die größeren Inseln der nördlichen Karibik gemein.

Doch natürlich sind es nicht nur die Natur und das Klima, die die Inseln der Großen Antillen so besonders machen. Es sind auch die Menschen, die hier leben, diese bunte Melange aus Ureinwohnern, Nachkommen einstiger Sklaven und der früheren Kolonialherren und all den anderen Einwanderern aus aller Herren Länder. Groß sind die meisten der Inseln nicht, und so mussten sich die Menschen aus ursprünglich unterschiedlichen Kulturen aneinander anpassen, zumindest sprachlich: Der chinesische Händler spricht genauso Patois, die melodiöse Sprache Jamaikas, wie der seine Dreadlocks schüttelnde DJ oder die indische Krankenschwester. Viele Muslime gehen in die Kirche, wenn es keine Moschee gibt: Gottesdienst ist eben Gottesdienst. Und gerade auf den englischsprachigen Inseln ist oft eine heitere Frömmigkeit anzutreffen. Drohende Moralpredigten des Pastors wechseln sich dort mit gut gelauntem Gospelgesang der Gemeinde ab – eher eine Party als eine ehrfürchtige Andacht. Die beständige Brise der Passatwinde hält das subtropische Klima der Inseln auf angenehmen 28–29° C. Das hat wohl die Lebenslust der Menschen aller karibischen Nationen so legendär gemacht: In jeder Lebenslage wird getanzt, Musik gemacht, gelacht und ausgiebig gefeiert.

Bild: Grandios, wenn sich die Wellen vor dem Castillo de los Tres Reyes del Morro brechen

Geschichte und Kultur auf den Inseln sind so vielfältig wie die Natur über und unter Wasser – tauchen Sie ein in eine besondere Welt.

KUBA

Um es gleich vorwegzunehmen: Noch hat sich nicht viel verändert auf Kuba. Immer noch ist es das einzige kommunistische Land im Westen, immer noch besteht die Wirtschaftsblockade der USA (wenn auch abgemildert); immer noch sind die Revolutionäre von einst im Land präsent; und immer noch ist es arm – trotz der zahlreichen Wirtschaftsreformen unter Präsident Raúl Castro, der unter anderem Kleingewerbe und Unternehmertum zuließ.

Kuba war schon immer „besonders", erst für Kolumbus, der von der Schönheit der Insel schwärmte, dann für die Eroberer Lateinamerikas, die Kuba als Sammel- und Starthafen ihrer Schatzgaleonen vor der Heimfahrt nach Spanien auserkoren. Später konnte sich das noch immer spanische Kuba größter Zuckerproduzent der Welt nennen. Vollends zum Mythos aber wurde Kuba durch die Revolution, als bärtige Gesellen in Kampfanzügen – allen voran Fidel Castro mit seinem Bruder Raúl, Camilo Cienfuegos und dem Argentinier Ernesto „Che" Guevara – den Diktator Fulgencio Batista von der Insel vertrieben, um eine gerechtere Gesellschaft zu etablieren.

HAVANNA

„In Havanna, mein Lieber, geht alles, wenn du kein Langweiler bist." So spricht der Volksmund über das Leben in der Metropole Kubas.

Nie war der Spruch so aktuell wie jetzt, da ein vielfältiges Kleinunternehmertum dem behäbigen sozialistischen Staatsapparat vorführt, was alles möglich ist: Die Straßen säumen kleine Imbissstände; Fahrradtaxis bieten ihre Dienste an, ebenso private Taxis – und das alles für Kubaner zu kubanischen Peso-Preisen und für Touristen zum korrekten Wechselkurs in CUC. Alles wirkt ein bisschen wie die heimliche Übernahme Havannas durch seine Bürger bzw. den freien Unternehmergeist.

SEHENSWERTES

INSIDER TIPP CALLEJÓN DE HAMEL
(🕮 6/A2)

Allein die Wandmalereien in der Gasse, der kleine, mit Kultgegenständen volle Santería-Laden und das Eckcafé sind schon einen Besuch wert. Jeden Sonntag *(12–17 Uhr)* findet hier ein ausgelassenes Straßenfest statt (inzwischen leider unregelmäßig): Gruppen trommeln, was das Zeug hält, und Kubaner(-innen) tanzen sich auf offener Straße in Trance. *Callejón de Hamel | zw. Aramburu/Hospital*

LA HABANA VIEJA ★ *(🕮 6/C–D2)*

Gasse für Gasse, Platz für Platz geschmückt mit prächtigen Bauten verschiedener Epochen – und überall Musik: *La Habana Vieja*, die Altstadt, ist nicht umsonst UNESCO-Welterbe, ein lebenspral-

Historische Fassaden und in der Sichtachse das Kapitol

ACHTUNG, GEHEIMNISTRÄGER!

Schon mal einen Kubaner ganz in Weiß gesehen? Aber so richtig weiß, von den Schuhen und Socken bis zum Halstuch? Der „macht seinen Heiligen" *(hacerse santo)*, sagt man. Denn so gekleidet gehen nur Kubaner, die zum Babalawo geweiht werden wollen. So heißen die Priester der afrokubanischen Religion Santería. Die Kleidung weist sie als Geheimnisträger aus: Ein Jahr lang werden sie in die Rituale, Gesänge und Geschichten der Santería eingeweiht. Es ist die auf Kuba am stärksten verbreitete Religion. Sie geht davon aus, dass jedem Menschen mindestens eine Gottheit aus dem Santería-Pantheon zugeordnet werden kann: etwa Ochún, die Göttin der Eitelkeit, Oyá, die Göttin der Rache, Yemayá, die Göttin des Meeres und der Mutterschaft, oder Ogún, der Frauenheld, Krieger und Gott der Berge. Sie möchten wissen, welcher Gott zu Ihnen passt? Fragen Sie doch mal einen Babalawo!

les Monument für den jahrhundertelangen, fast ununterbrochenen Aufstieg der Stadt zu einer der einst reichsten Amerikas. Jede Epoche hat ihre Spuren hinterlassen. Ein kleiner Tempel *(El Templete)* erinnert auf der *Plaza de Armas* an 1519, als die fünf Jahre zuvor von Diego Velázquez gegründete *Villa San Cristóbal de La Habana* an ihren heutigen Platz verlegt wurde; erste Befestigungen wie das Castillo de Real Fuerza bezeugen ihre Beförderung (1535) zum Sammelhafen aller spanischen Schatzschiffe aus Mittel- und Südamerika. Welcher Reichtum offenbar zu verteidigen war, davon erzählen Reste der alten Stadtmauer, vereinzelte Baluarten und vor allem aber der gigantische Festungskomplex *Morro-Cabaña*. Auf Schritt und Tritt begegnen Sie Zeugen aus Kubas Zeit als weltgrößter Zuckerlieferant: prachtvollen Palästen mit Holzbalkonen, fürstlichen Portalen oder hohen Holztüren mit fantasievollen *aldabas* (Türklopfern). In die restaurierten Gebäude zogen Hotels, Restaurants und Bars ein, während sich die *Avenida del Puerto* am alten Hafen in eine gepflegte Bummelmeile mit Kreuzfahrt- und Fährhafen gewandelt hat. Der *Parque Central*, das Kapitol und das alte *Barrio Chino* gehören schon zu *Habana Centro*. Mit den lebhaften *Calles Galiano* und *Rafael* besitzt es seine eigenen Geschäftsstraßen, und am *Malecón* zeigt es sich von seiner besten Seite.

MUSEO DE LA REVOLUCIÓN *(🕮 6/C1)*

Nie war das Interesse an diesem Museum, das im ehemaligen Präsidentenpalast von 1920 residiert, so groß wie jetzt! Häufig stauen sich die Besucher, unter ihnen viele US-Amerikaner, vom Eingang hinunter bis zum Relikt der alten Stadtmauer. In der Eingangshalle wird dem 2016 verstorbenen *chefe en comandante* Fidel Castro gehuldigt; seine Mitkämpfer Che Guevara und Camilo Cienfuegos „springen" Ihnen dann weiter oben, wo der chronologische Rundgang beginnt, als lebensgroße Wachsfiguren in Guerillamontur entgegen. Ein Zugang geleitet Sie zum Schaukasten mit der Jacht „Granma", mit der die Rebellen 1956 im Osten Kubas landeten. *Refugio 1 | zw. Monserrate/Zulueta | tgl. 9.30–16 Uhr | Eintritt 8 CUC, Führung 2 CUC*

MUSEO NACIONAL DE BELLAS ARTES (6/C2)

Das Nationalmuseum der schönen Künste ist in zwei getrennten Gebäuden untergebracht: Perlen der kubanischen Malerei aus den verschiedenen Jahrhunderten finden sich im modernen Gebäude an der Calle Trocadero *(zw. Zulueta/ Montserrate)*; die Sammlung internationaler Kunst im ehemaligen Centro Asturiano *(C/ San Rafael | zw. Zulueta/Montserrate)*, das 1928 nach dem Vorbild der Pariser Oper erbaut wurde. *Beide Di–Sa 9–17, So 10–14 Uhr | Eintritt 8, einzeln je 5 CUC | www.bellasartes.co.cu*

PARQUE CENTRAL/PRADO (6/C2)

Karl Lagerfeld wusste schon, warum er seine Models 2016 auf dem *Paseo de Martí*, kurz Prado genannt, mit seiner Chanel-Kollektion schaulaufen ließ. Denn die von Löwenskulpturen bewachte und abends romantisch von alten Messinglaternen beleuchtete Prachtstraße gleicht einem roten Teppich für Havannas goldene Mitte. Die Flaniermeile mündet in den *Parque Central*, der sich über mehrere Blocks erstreckt. Hier halten die offenen Hop-on-hop-off-Busse *(10 CUC pro Tag, diverse Haltestellen)*, und hier warten auf Hochglanz polierte Oldtimer *(1 Std. 50 CUC)* und Pferdekutschen *(1 Std. Rundfahrt für 4 Pers. 40 CUC)* auf Fahrgäste. Den geschäftigen Betrieb im Park können Sie gut vom Boulevardcafé des nostalgischen Hotels *Inglaterra (Tel. 78 60 85 93 | 78 60 85 97 | www.hotelinglaterra-cuba.com)* aus beobachten. Das Nachbargebäude lohnt einen Extrabesuch: das restaurierte *Gran Teatro de La Habana Alicia Alonso*, in dem schon Enrico Caruso sang. Dominiert aber wird der Park nach wie vor vom Kapitol, das 1929 ganz unverblümt dem Weißen Haus in Washington nachempfunden wurde. Seit Mitte 2018 hat das kubanische Parlament hier seinen Sitz. Die (afrokubanischen) Götter haben die Parlamentarier dann gleich zur Seite: am *Paseo del Prado Nr. 615* im *Museo de los Orishas (tgl. 9–16.30 Uhr | Eintritt 5 CUC)*. Dazu einen Schatten der Vergangenheit: das *Barrio Chino* mit seinem chinesischen Tor. Hier lebten einst Tausende von Chinesen, die nach der Sklavenbefreiung mit oft falschen Versprechungen ins Land gelockt wurden. Die wenigen, die geblieben sind, verbreiten in der *Calle Cuchillo* einen Hauch asiatischen Flairs.

MIT KINDERN

Aparatos aus China wie die *Montaña Rusa* (Achterbahn), Schaukeln und Rutschbahnen und vieles mehr sorgen auf dem Spiel- und Vergnügungsplatz *Isla del Coco* in der Hauptstadt für hohes Spaßpotenzial und interkulturelle Begegnungen über alle Sprachbarrieren hinweg. *5a Av./C/ 112 | Miramar | Mi–So 10–18 Uhr | Eintritt 1 Peso*

PLAZA DE ARMAS (6/D2)

Der älteste Platz der Stadt. Bäume spenden Schatten, Bänke laden zum Verweilen ein, und die vor dem ehemaligen *Palacio de los Capitanes Generales (Di–So 9.30–17 Uhr | Eintritt 3 CUC)* verlegten schallschluckenden Holzbohlen mahnen zur Ruhe – wenn auf ihnen nicht gerade ein Konzert stattfindet. Im Patio des ehemaligen Regierungs- und Wohnsitzes von Kubas Generalkapitänen (1791) grüßt eine Statue des Kubaentdeckers Kolumbus; drinnen geht's weiter mit der Geschichte der Stadt. Kaum bescheidener macht sich gegenüber der Palast des Herzogs von Santovenia aus, in dem

Ein Ort der Ruhe und Besinnung in Havanna: die Plaza de Armas

heute das Hotel Santa Isabel residiert. Wie unscheinbar wirkt dagegen die Kapelle El Templete (1828) links daneben! Dabei steht sie auf höchst historischem Grund: nämlich auf dem Platz, auf dem 1519 die Gründungsmesse für La Villa San Cristóbal de La Habana stattfand. Ersten Schutz vor Überfällen bot damals das benachbarte Castillo de la Real Fuerza (1577), heute die älteste Festung Havannas. Sehen Sie die kleine Figur auf der Festung? Das ist die Giradilla, das Wahrzeichen Havannas! Es stellt Ines de Bobadilla dar, wie sie vergeblich nach ihrem Ehemann, dem kubanischen Gouverneur Hernando de Soto, Ausschau hält – nicht wissend, dass ihn am Mississippi das Fieber dahingerafft hat. Das Original dieser ältesten Schmiedearbeit Havannas (1630) können Sie sich am Eingang des INSIDER TIPP *Museo de Navegación (Di–So 9.30–17 Uhr | Eintritt 3 CUC)* näher ansehen. Drinnen versetzen einen große Schiffsmodelle wunderbar in Havannas frühe Zeit als erste königliche Werft Neuspaniens.

PLAZA VIEJA *(6/D2)*

Der Platz, auf dem immer was los ist – als wäre er immer noch der wichtigste Markt- und Handelsplatz wie schon zu Mitte des 16. Jh.s. Das stattlichste Haus, geschmückt mit einem schmiedeeisernen Balkon, ist die Casa del Conde de Jaruco (1768). Im Eckgebäude Gómez Vila (1909) befindet sich die *Cámara oscura (tgl. 9–18 Uhr | Eintritt 2 CUC)*, die in Echtzeitprojektion einen Überblick über die Umgebung gibt. Gut isst man in der *Taberna La Muralla (tgl. | Ecke C/ La Muralla | €–€€)*, und abends trifft man sich im *Café el Escorial (tgl. 9–21 Uhr | €–€€)*. In der nahen *Calle Oficios 254/ Muralla* (Richtung Hafen) wird in der *Casa Alejandro Humboldt (Di–So 9–17 Uhr | Eintritt frei)* Kubas „zweiter Entdecker" geehrt;

Alexander von Humboldt erforschte Kuba 1800 und 1801.

STADTMAUER/MUSEO CASA NATAL DE JOSÉ MARTÍ *(🕮 6/C3)*

Bahnhofsgegenden gelten ja oft als zwielichtig, so auch die von Havanna um die *Calle Paula*. Hier wuchs Kubas Freiheitsheld und Dichter José Martí auf. Sein Geburtshaus, die Casa Natal de José Martí *(C/ Leonor Pérez 314 | Di–Sa 9–17 Uhr | Eintritt 2 CUC)*, steht gegenüber dem Bahnhof. Dazwischen: Reste der alten Stadtmauer!

SPEZIALITÄTEN

KULTGETRÄNKE MADE IN KUBA

Eine Limette, sechs frische Minzeblätter, ein Teelöffel Zucker, zwei Zentiliter Rum, Sodawasser, ein Minzezweig hinein – fertig ist Kubas Nationalgetränk, der Mojito. Oder wie wär's mit einem zartgrünen Daiquiri aus Zuckerrohrsirup, Rum und Limonensaft, wie ihn der große Ernest Hemingway so geliebt haben soll? Oder mit einem Mary Pickford, einem Havanna-Spezial, einem Canchanchara und nicht zuletzt einem Cuba libre? Ob Cuba libre, Mojito oder Daiquiri: Zum Mixen nimmt man weißen Rum, der fünf oder mehr Jahre in Eichenholzfässern gereift ist. Mit höherem Alter weist er eine dunklere Farbe auf und wird *añejo* genannt.

ESSEN & TRINKEN

INSIDER TIPP O'REILLY 304 *(🕮 6/C2)*

Szenetreffpunkt für Taco-Liebhaber und Freunde frischer (Meeresfrüchte-)Küche wie Ceviche. Gute Cocktails. *Tgl. 12–24 Uhr | C/ O'Reilly 304/zw. Habana/Aguiar | Tel. 0 52 64 47 25 |* €–€€

CASTILLO DE FARNÉS *(🕮 6/C2)*

Den Tisch, an dem Fidel Castro, sein Bruder Raúl und Che Guevara am 9.1.1959 aßen, zeigt der Ober gern. Ein Foto erinnert daran. Das Essen ist gut und günstig. *Tgl. 12–24 Uhr | Av. Monserrate 401 | Ecke Obrapía | Tel. 78 67 10 30 |* €€

INSIDER TIPP IIVAN CHEF JUSTO *(🕮 6/C1)*

Privates Restaurant eines Spitzenkochs. Ob Austerncocktail oder Kalebassencreme – schon die Vorspeisen von Ivan sind ein Gedicht. *Tgl. 12–24 Uhr | Aguacate 9 | Ecke Chacón | Tel. 78 63 96 97 | Handy 0 53 43 85 40 |* €€–€€€

EINKAUFEN

CALLE AGUÍAR („SCHERENGASSE") *(🕮 6/C1)*

Eine Riesenschere weist vor der winzigen Fußgängerzone auf Havannas berühmtesten Friseur hin. Im Obergeschoss der Calle Aguíar Nr. 10 betreibt Gilberto Valladares, genannt Papito, seine Mischung aus Friseursalon und Museum, die er *Arte Corte (Mo–Sa 12–18 Uhr)* nennt. Jedes Stück erzählt Geschichte, sogar der Stuhl, auf dem man frisiert wird! Spazieren Sie an den Restaurants vorbei, sehen Sie auf der linken Seite die auf elegant-

EINE SÜNDE WERT

Wer denkt nicht bei Kuba auch an die berühmten Zigarren, die Havannas? Klar, Rauchen gefährdet die Gesundheit, aber wer Zigarren schätzt, sollte sich den Luxus gönnen und sich zumindest einen kleinen Vorrat aus dem Herkunftsland mitnehmen. Die beste Gelegenheit für den Einkauf von echten Havannas bietet der Besuch einer der Zigarrenfabriken *(fábricas de tabaco)*, wo man den *tabaqueros* bei der Arbeit zusehen darf. Ein Erlebnis: Wenn Vorleser die Arbeiter mit Geschichten unterhalten! Vorsicht bei Angeboten auf der Straße: Fast immer handelt es sich um Fälschungen der bekannten Sorten wie Cohiba, Romeo y Julieta oder Montecristo. Denken Sie daran: Für die Ausfuhr von mehr als 50 Zigarren benötigt man die Kaufbelege des Geschäfts in Original und Kopie (für den Zollbeamten); außerdem müssen die Zigarren originalverpackt und mit dem neuen holografischen Stempel versehen sein.

dezente Freizeitkleidung spezialisierte Souterrain-Boutique *Pedro's (Nr. 17). Zwischen C/ Peña Pobre*

INSIDER TIPP **MUSEO DEL CHOCOLATE** *(🕮 6/D2)*

Mit Glück können Sie hier beim Zubereiten der köstlichen Pralinen zuschauen, bevor Sie sie kaufen. Oder trinken Sie hier einen Becher des guten Kakaos aus Baracoa – lecker, egal ob warm oder kalt! *C / Mercaderes 255 | Ecke Amargura*

ZIELE IN DER UMGEBUNG

MATANZAS *(🕮 5/B1)*

Sollte die Dauer Ihres Kreuzfahrtstopps in Kuba es zulassen, empfiehlt sich ein Besuch von Matanzas. Die ca. 160 km östlich von Havanna an einer Bucht der Nordküste gelegene Stadt hat rund 150 000 Einwohner. Zahlreiche im spanischen Kolonialstil errichtete Häuser aus dem 17. Jh. verleihen Matanzas eine fast nostalgische Erscheinung. Sehenswert ist die Stadt aber hauptsächlich wegen ihrer Höhlen, der **INSIDER TIPP** *Cuevas de Bellamar (tgl. 9–17 Uhr | Führung 8 CUC)*. Wandmalereien belegen, dass hier schon vor 1600 Jahren Menschen gelebt haben. Einen Teil des unterirdischen Höhlensystems können Sie zu Fuß erkunden.

MUSEO HEMINGWAY ★ *(🕮 5/B1)*

Hemingway bewohnte die Villa bis kurz vor seinem Tod 1961. Seine Möbel, Bücher, Trophäen und Schreibutensilien befinden sich noch an Ort und Stelle. *Mo–Sa 10–17, So 10–13 Uhr | Eintritt 5 CUC | San Francisco de Paula | ca. 17 km südöstlich von Havanna*

ANLEGESTELLE

Kreuzfahrtschiffe machen in Havanna am Terminal Sierra Maestra fest, unweit der Plaza de San Francisco de Asis in der Altstadt der kubanischen Hauptstadt. Das historische Zentrum ist vom Kreuzfahrterminal, das bis 2024 deutlich vergrößert werden soll, fußläufig zu erreichen.

CAYMAN ISLANDS

Die Cayman Islands liegen inmitten des Karibischen Meers, ungefähr 200 km südlich von Kuba und etwas weiter nordwestlich von Jamaika.

Die Gesamtbevölkerung der drei Inseln zählt nur knapp 49 000 Einwohner, von denen ein verhältnismäßig großer Anteil (fast 40 Prozent) Ausländer sind, die sich hier niedergelassen haben. Nicht zuletzt deshalb, aber auch wegen des florierenden Offshore-Bankwesens (die Cayman Islands sind ein Steuerparadies) und des internationalen Tourismusgeschäfts sind die Inseln sehr wohlhabend. Insbesondere die kilometerlangen Strände und hervorragende Tauchgründe ziehen Besucher hierher.

GRAND CAYMAN

(🕮 5/B–C3) **Die größte der drei Inseln ist etwas mehr als 30 km lang und 6 km breit. Auf ihr liegt Georgetown, die Hauptstadt der britischen Kronkolonie.** Hier befinden sich die Niederlassungen der internationalen Banken, angelockt von den günstigen Rahmenbedingungen. Grand Cayman besteht zum größten Teil aus Sumpfland, nur im Westen und Nordwesten sowie in Küstennähe haben Menschen gesiedelt.

MIT KINDERN

Sie möchten Ihren Nachwuchs einen Anflug von „Fluch der Karibik" erleben lassen? In den ehemaligen Piratenhöhlen, wo die Seeräuber einst ihre Schätze versteckten, kann man auf Spurensuche gehen. Für Tier- und Naturfreunde gibt es zudem einen Streichelzoo mit Naturlehrpfad. *Tgl. 9–18 Uhr | Eintritt 8 US$, Kinder von 4 bis 12 Jahren 5 US$ | 277 Bodden Town Rd | www.piratescaves.ky*

SEHENSWERTES

ATLANTIS SUBMARINE ★

Das kleine Unterseeboot bringt mehrmals täglich Gruppen von Neugierigen die Wunder der Korallenriffe näher, ohne dass sie selbst zur Taucherausrüstung greifen müssten. Durch die Panoramafenster lässt sich das Tier- und Pflanzenleben am Riff vorzüglich beobachten. Melden Sie sich rechtzeitig an! *Tgl. | ab 94 US$ | Waterfront | Georgetown | Tel. 9 49 77 00 | www.caymanislandssubmarines.com*

CAYMAN ISLANDS NATIONAL MUSEUM

Das Museum im ehemaligen Gerichtsgebäude gibt Aufschluss über die Piratenvergangenheit der Inseln. *Mo–Fr 9–17, Sa 10–14 Uhr | Eintritt 8 US$ | Waterfront | Georgetown*

CAYMAN TURTLE CENTRE

Der wichtigste Grund dafür, dass einst Piraten und andere Seefahrer immer wieder die Inseln ansteuerten, waren die Meeresschildkröten – ihr Fleisch und ihre Eier waren eine willkommene Ergänzung der eintönigen Bordverpflegung. Der Bestand der Schildkröten ist stark zurückgegangen; viele der Strände, die sie zur Eiablage aufsuchen, sind inzwischen in Menschenhand. Die Turtle Farm setzt einen gewissen Teil der hier aufgezogenen Tiere im Meer aus und trägt so zur Erhaltung der Art bei. Dennoch sollte man nicht übersehen, dass

Die unter Wasser so anmutigen Meeresschildkröten erlebt man im Cayman Turtle Center

es sich primär um ein kommerzielles Unternehmen handelt, das Rohmaterial für Küchendelikatessen und Modeaccessoires liefert. Das Cayman Turtle Centre liegt ca. 14 km nördlich von Georgetown. *Tgl. 8–17 Uhr | 18–45 US$ | Boatswain's Beach | Northwest Point | West Bay | Tel. 9 49 38 94 | www.turtle.ky*

GEORGETOWN

Das kleine Städtchen zählt 27 000 Einwohner und ist ein quirliges Wirtschaftszentrum. In Georgetown haben nicht nur die Banken ihre Niederlassungen, Sie finden dort auch viele Geschäfte, die vor allem maritime Angebote für Urlauber bereithalten.

HELL

Sie möchten den Lieben zu Hause direkt aus der Hölle einen netten Kartengruß von Ihrer Kreuzfahrt zukommen lassen? Kein Problem, der Ort, der seine Popularität bei englisch sprechenden Touristen hauptsächlich seinem Namen verdankt, ist auf solche Ansinnen eingerichtet. Hier erhalten Sie zur Karte auch noch den angemessenen Stempel. *Circa 12 km nördlich von Georgetown*

PEDRO ST. JAMES

Das älteste Gebäude auf Grand Cayman *(ca. 12 km südöstlich von Georgetown)* soll angeblich schon 1635 von einem spanischen Siedler namens Pedro Gómez errichtet worden sein. Vermutlich aber entstand es erst 1780 als befestigtes Anwesen eines Engländers. Zweimal wurde „Pedro's Castle" das Opfer von Feuersbrünsten, bevor es in seinen heutigen Zustand versetzt und zum nationalen Wahrzeichen erklärt wurde. *Tgl. 9–17 Uhr | Eintritt 10 US$ | Old Jones Bay, East End, an der Küstenstraße South Sound Road | pedrostjames.ky*

QUEEN ELIZABETH II BOTANIC PARK

Die ganze überbordende Farbenpracht der karibischen Natur erwartet Sie in

ANLEGESTELLE

Kreuzfahrtschiffe steuern auf Grand Cayman die Inselhauptstadt Georgetown an. Ein direktes Anlegen ist nicht möglich; die Schiffe ankern außerhalb, Passagiere werden mit Tenderbooten an Land gebracht. Die Überfahrt dauert ca. 15 Minuten. In Georgetown gibt es drei Kreuzfahrtterminals, das Royal Watler Cruise Terminal, das North Terminal und das South Terminal. Alle drei liegen nah beieinander und in unmittelbarer Nähe des Ortszentrums, das Sie problemlos zu Fuß erkunden können. Planen Sie Exkursionen außerhalb von Georgetown, stehen Taxis am Royal Watler Terminal zur Verfügung. Minibusse fahren von der Haltestelle Edward Street aus.

diesem schön angelegten Park mit unterschiedlichen Bereichen wie dem Heritage Garden, der das Leben auf den Cayman Islands im frühen 20. Jh. aufgreift, oder bestaunen Sie die seltenen Blauen Leguane. *Tgl. 9.30–17.30 Uhr (letzter Einlass 16.30 Uhr) | Eintritt 12 US$ | North Side | www.botanic-park.ky*

STINGRAY CITY

Sie haben auf Ihrem Kreuzfahrtstopp ausreichend Zeit und möchten einmal die faszinierende Unterwasserwelt der Cayman Islands selbst erkunden? Stingray City bietet dafür die idealen Möglichkeiten. Hier im North Sound können Sie mit zahmen Stachelrochen schwimmen. Die schönen, großen Fische gleiten mit ihren extrem breiten Flossen wie fliegende Teppiche über den Meeresboden. Wenden Sie sich an *Stingray City Tour Operator (49–62 US$ | Tel. 34 53 22 34 00 | www.stingraycitycaymanislands.com)*.

EINKAUFEN

In Georgetown finden Sie eine Reihe von Geschäften, die sich auf Porzellan, Schmuck, alte Gold- und Silbermünzen, zollfreies Parfüm sowie Spirituosen spezialisiert haben. Hinter dem Seven Mile Beach gibt es zudem eine Reihe von Einkaufsplazas nach amerikanischem Vorbild.

ARTIFACTS LTD.

Hier gibt es die schönsten INSIDER TIPP „Piratenmünzen", Fundstücke aus gesunkenen Schiffen, garantiert echt mit Zertifikat – aber nicht ganz billig! *Harbour Drive | Waterfront | | Georgetown | Tel. 9 49 24 42*

ESSEN & TRINKEN

LUCA

Italienisch-caymanische Küche in einem stilvollen Strandrestaurant. Vorzüglich ist der frische Red Snapper mit Zitronenrisotto und Spargel-Mandel-Salat! Frische Pastaköstlichkeiten und hervorragende Weinkarte. Reservieren! *Di–So | Caribbean Club | Seven Mile Beach | 871 West Bay Road | Tel. 34 56 23 45 50 |* €€€

REEF GRILL

Caymanische Küche und Live-Entertainment unter Sternen. Auf der Veranda, die von kleinen Palmen umrahmt ist, geht es etwas lässiger zu als in den stilvollen Innenräumen. *Royal Palms Beach Club | Tel. 9 45 63 58 |* €€–€€€

STRÄNDE

Wenn Sie bei Ihrem Kreuzfahrtaufenthalt einfach mal nur ein bisschen karibisches

Strandfeeling genießen wollen, kein Problem. An der Nordseite der Insel lockt der *Rum Point*, wo Sie, sollten Sie am Wochenende auf den Cayman Islands verweilen, im *Rum Point Club* auch Barbecue und Livemusik genießen können. Der Vorzeigestrand von Grand Cayman ist der *Seven Mile Beach*, nur ca. 5 km nördlich von Georgetown gelegen, mit feinem, von australischen Pinien gesäumtem Sand. Hier finden Sie auch Bars, Restaurants und zahlreiche Wassersportangebote.

JAMAIKA

(🕮 5/D–E4) **Der indianische Name Xaymaca lässt sich mit „Land der Wälder und Gewässer" übersetzen. Damit haben die Ureinwohner Jamaikas, die Arawaken, die Vielfalt der Inselnatur in eher bescheidene Worte gefasst.**

Jamaika ist die Insel der Berge und Wasserfälle, der tropischen Wälder, der weißen Palmenstrände, der türkisblauen Badebuchten und der Zuckerrohrfelder. Die Menschen auf Jamaika (ca. 2,8 Mio. Ew.) entstammen einem bunten Völkergemisch, das neben den Nachfahren der afrikanischen Sklaven auch Inder, Chinesen und Araber sowie Engländer und andere Europäer aufzuweisen hat. Sie alle hatten linguistisch gesehen Einfluss auf das jamaikanische Patois, das auch die Grundlage für Reggae- und Calypsotexte bildet. Die meisten Jamaikaner sind freundlich und haben viel Sinn für Humor.

MONTEGO BAY

(🕮 5/D4) **Die zweitgrößte Stadt Jamaikas (100 000 Ew.) war schon immer das Zentrum der Nordküste.**

Von hier aus wurden die Erzeugnisse der nahe gelegenen Plantagen verschifft, und hier kamen die Luxusgüter aus Europa an, auf die die Pflanzer nicht verzichten mochten. Downtown, das quirlige Stadtzentrum der rund 100 000 Einwohner beherbergenden Metropole, ist eine Mischung aus Alt und Neu – mit modernen Betonhäusern und einfachen Holzhütten, mit verstopften Straßen, vielen kleinen Läden und noch mehr fliegenden Händlern.

Karibisch lässig: der Doctor's Cave Beach

SEHENSWERTES

Historische Bauten sind im Zentrum der Stadt kaum erhalten geblieben – verheerende Feuersbrünste in den Jahren 1795 und 1811 haben dafür gesorgt.

MONTEGO BAY CULTURAL CENTRE

Großflächige abstrakte Malerei, quietschbunte mystische Anknüpfung an die karibische Farblehre. Büsten, deren

Darstellung auch der Titel nicht wirklich entschlüsselt: Das Kulturzentrum will mit seinen Wechselausstellungen künstlerische Avantgarde und Spiegelbild der zeitgenössischen Kunstszene zugleich sein. Dazu verweist eine kleine Dauerausstellung über die Rasta-Bewegung und die Kolonialzeit auf die kulturellen und künstlerischen Wurzeln des Landes. *Di–So 9–17 Uhr | Eintritt US$ 8 | Sam Sharpe Square | montegobaycultural centre.org*

MONTEGO BAY MARINE PARK ★

Rund um Montego Bay wurde der erste Meeresnationalpark Jamaikas eingerichtet. Fischen ist in dem Areal streng verboten. Dafür lädt ein herrliches Unterwassergebiet zum Tauchen und Schnorcheln ein. Wenn Sie also während Ihres Aufenthaltes in Montego Bay die einheimische Unterwasserfauna und -flora kennenlernen wollen, ist dies das ideale Ziel. Von der Aufsichtsbehörde lizenzierte Wassersportunternehmen wie *CJay's Watersports (tgl. 9–17 Uhr | Pier 1 Marina | Tel. 876 8 81 75 85 | www.cjwatersports jm.com)* bieten Segel-, Schnorchel- und Tauchausflüge an. *Parkverwaltung Mo–Fr 9–17, Sa 9–16 Uhr | Tel. 876 9 52 56 19 | www.mbmpt.org*

SAM SHARPE SQUARE

Holzhäuser in georgianischem Stil umgeben den kopfsteingepflasterten zentralen Platz, der den Namen des jamaikanischen Kämpfers für die Sklavenbefreiung trägt. Das vom Bildhauer Kay Sullivan

FRUCHTBARER MYTHOS

Dem schmächtigen Jungen wurde die Musik in die Wiege gelegt, denn seine Mutter war nicht nur Kolonialwarenhändlerin, sondern trat auch als Sängerin auf. Am 6.2.1945 in Nine Mile, St. Ann, geboren, wurde der spätere Reggae-Musiker auf den Namen Robert Nesta Marley getauft. Dass der Vater ein britischer Kolonialhauptmann war, wurde damals zum Skandal und kostete diesen den Job. Klein-Marley wuchs in Trenchtown, einem auch musikalisch brodelnden Getto von Kingston, auf. Mit 16 Jahren nahm er seinen ersten Song auf, die zwei Jahre später mit Peter Tosh und Bunny Wailer gegründete Band „The Wailers" tingelte mit wenig Erfolg. Erst mit der Veröffentlichung des Albums „Natty Dread" gelang Marley und der Band 1974 der internationale Durchbruch. Songs wie „Stir it up", „I shot the Sheriff" und „Get up, stand up" machten ihn unsterblich und den Reggae weltberühmt. Der Rastafari prangerte die sozialen Missstände seiner Heimat an und trat für die Rechte der Schwarzen und Unterdrückten ein. Der Yellowpress verdanken wir weltbewegende Erkenntnisse über seine Virilität. Elf Kinder, viele sind in seine musikalischen Fußstapfen getreten, hat er anerkannt. Etwa 36 Mütter behaupten noch immer, vom Reggae-Mann geschwängert worden zu sein. Er erkrankte an Krebs und ließ sich in Deutschland behandeln – zu spät. Auf dem Weg nach Hause, um dort sein schon zu Lebzeiten legendäres Leben zu beenden, starb er bei einer Zwischenlandung in Miami am 11. Mai 1981. Marley wurde in Nine Mile auf dem mütterlichen Grundstück beigesetzt.

Wiedererrichtet nach einem Erdbeben: die St. James Parish Church

in Bronze gegossene Figurenensemble zeigt Sharpe im Kreis afrikanischer Sklaven. Die von ihm 1831 mit initiierte Weihnachtsrebellion wurde blutig niedergeschlagen, mehr als 1000 Teilnehmer hingerichtet, der Anführer auf dem Platz gehängt. Direkt neben dem Denkmal erinnert The Cage, der „Käfig", an die Zeit, als Sklaven wie Vieh auf den Plantagen der Weißen schufteten. Das kleine Gebäude aus Klinker und Feldsteinen wurde 1806 errichtet. In dem Verlies wurden einst Landstreicher, Betrunkene, geflüchtete und nach der Sperrstunde aufgegriffene Sklaven eingesperrt. Sonntags ab 15 Uhr hatte Montego Bay damals sklavenfrei zu sein.

ST. JAMES PARISH CHURCH

Kein Stein stand mehr auf dem anderen. Nach dem schweren Erdbeben 1957 waren die Kalksteinmauern der Distriktkirche nur noch ein Trümmerhaufen. 60 Jahre nach dem Crash steht die Kirche, deren Grundstein im Auftrag reicher Plantagenbesitzer 1775 gelegt wurde, wieder im alten Glanz, ein besonders gelungenes Beispiel spätgeorgianischen Baustils. Wiederhergestellt sind auch das geschnitzte Mahagoni-Kirchengestühl und die farbigen Glasfenster mit der Kreuzigungsszene. *Church Street/Payne Street*

ZIELE IN DER UMGEBUNG

GREENWOOD GREAT HOUSE

In einem Museum leben: Ann und Bob Betton haben sich diesen Traum erfüllt. Tagsüber strahlt das 1800 fertiggestellte Herrenhaus der Barrett-Familie, von dessen **INSIDER TIPP** Veranda sich ein 180-Grad-Panorama-Blick eröffnet, die Unberührbarkeit eines Museums aus, abends werden die Absperrseile entfernt und die Räumlichkeiten für das Alltagsleben wieder hergerichtet. Der Stammsitz der sehr wohlhabenden Barretts wurde bei der Sklavenrebellion 1831 nicht niedergebrannt, die Originaleinrichtung blieb so erhalten. *Tgl. 9–18 Uhr, letzte Führung 17 Uhr | Eintritt US$ 20 inklusive*

Hier kann man raufklettern: Dunn's River Falls

Führung | 435 Belgrade Av. | www.greenwoodgreathouse.com | 23 km östlich von Montego Bay

ROSE HALL GREAT HOUSE ★

Da spukt es heftig im imposanten Herrenhaus aus dem 18. Jh. Sex and Drugs waren zu jener Zeit angesagt, als Annee Palmer hier ihr Unwesen trieb, sehr zum Leidwesen ihrer drei Ehemänner und mehrerer Sklaven. Deren vorzeitiges Ableben beschleunigte sie mit Gift. Seit ihrem Tod spukt die als „weiße Hexe" Verschriene angeblich durchs Haus. Also geben Sie auf sich acht in der in den 1960er-Jahren mit großem Aufwand renovierten Touristenattraktion. *Tgl. 9–18 Uhr | Eintritt US$ 20 | an der Hauptstr. nach Falmouth, 14 km östlich von Montego Bay | rosehall.com*

EINKAUFEN

Wenig beachtet liegt der sogenannte *Fustic Market* auf der Trasse des ehemaligen Bahnhofs, südlich der Barnett Street. Neben Heilkräutern, Gemüse und Lebensmitteln werden geflochtene Körbe und Untersetzer angeboten. Direkt im Zentrum liegt der *Montego Bay Craft Market*, am Anfang des Hip Strips der *Old Fort Craft Market*, auf dem einheimische Kunsthandwerker ihre Waren ausstellen. In der *Gallery of West Indian Art (11 Fairfield Road)* werden Gemälde jamaikanischer Künstler, Schnitzereien, Drucke und Kunsthandwerk verkauft.

ESSEN & TRINKEN

INSIDER TIPP CHABAD KOSHER HOT SPOT

Koscher, aber auch vegan sind die israelischen und israelisch-jamaikanischen Gerichte. Hummus und Falafel, speziell Jerk-Falafel, sind besonders oft bestellte Spezialitäten. *Mo–Do 10–20.30, Fr 10–14.30, So 13–20.30 Uhr | 1–3 Gloucester Av. | Tel. 876 4 52 32 23 | www.jewishjamaica.com* | €–€€

HOUSEBOAT GRILL

Das Hausboot-Restaurant in einzigartiger Kulisse ist in einer Lagune festgemacht. Der INSIDER TIPP Boden ist teilweise verglast, sodass man Rochen und Barrakudas beobachten kann. Auf dem Oberdeck können Sie an Cocktails nippen und den Blick übers Meer genießen. *Southern Cross Blvd. | Montego Freeport | Tel. 9 79 88 45* | €€

THE NATIVE

Im Baumschatten auf einer Steinterrasse werden Spezialitäten wie die Süßspeise *duckunoo* serviert. *29 Gloucester Ave. | Tel. 9 79 27 69* | €–€€

OCHO RIOS

(🕮 5/E4) **Acht Flüsse – das bedeutet aus dem Spanischen übersetzt der Name Ocho Rios.**

Allerdings ist das eine Mogelpackung, denn tatsächlich münden bei der Kleinstadt (ca. 10 000 Ew.) im Norden von Jamaika lediglich drei kleine Flüsse in die Bucht. Das Städtchen ist malerisch gelegen vor grünen Urwaldhügeln, die einen ersten Eindruck von der Naturvielfalt Jamaikas erahnen lassen.

SEHENSWERTES

KONOKO FALLS AND PARK

Mehr als ein botanischer Garten: Hier erleben Sie nicht nur die üppige Natur Jamaikas, sondern auch einheimische Vögel der Insel. *Tgl. 8–16.30 Uhr | Eintritt 20 US$, Kinder (3–12 Jahre) 10 US$ | New Buckfield | www.konokofalls.com*

REGGAE HILL

Fans jamaikanischer Rhythmen machen es sich auf einem Stuhl zwischen bunten Pflanzen in parkähnlicher Landschaft oberhalb von Ocho Rios bequem, lassen sich einen kühlen Drink servieren, lauschen den coolen Reggae-Klängen und bewundern die Virtuosität der jamaikanischen Tänzer. *White River Pines | www.reggaehill.com*

ZIELE IN DER UMGEBUNG

BRIMMER HALL PLANATION TOURS *(🕮 5/E4)*

So hochherrschaftlich wurde auf Jamaika im 18. Jh. gelebt – wenn man Besitzer einer Plantage war und von der Arbeit seiner Sklaven lebte. Die Plantage wird auch heute noch bewirtschaftet (natürlich ohne Sklaven!). Im Inneren des erlesenen Herrenhauses sind Antiquitäten aus der Epoche der Erbauung zu sehen, während sich in sechs ehemaligen Ställen kleine Geschäfte befinden, die einheimische Produkte verkaufen. *Saint Mary Parish | Tel. 87 69 94-23 09*

DUNN'S RIVER FALLS *(🕮 5/E4)*

Schon mal einen Wasserfall erklettert? Nein? Dann wird es höchste Zeit, dieses Erlebnis nachzuholen, und zwar an den über 180 m hohen Dunn's River Falls, die direkt in das Meer münden. *Tgl. 8.30–16, wenn Kreuzfahrtschiffe im Hafen Ocho Rios liegen 7–16 Uhr | Eintritt 23 US$, Kinder 15 US$ | ca. 7 km östlich von Ocho Rios | www.dunnsriverfallsja.com*

NINE MILES *(🕮 5/E4)*

Für Bob-Marley-Fans, die auf ihrer Kreuzfahrt einen Stopp in Ocho Rios einlegen, ein Muss: Hier wurde der legendäre Musiker geboren, hier meditierte er, und in der Nähe wurde er auch beigesetzt.

ANLEGESTELLEN

▶ MONTEGO BAY

In Montego Bay machen Kreuzfahrtschiffe im Freihafen in ca. 5 km Entfernung vom Stadtzentrum fest. Dieses ist mit Taxis oder einem Shuttlebus zu erreichen.

▶ OCHO RIOS

Der Hafen von Ocho Rios verfügt über zwei Anlegestellen für Kreuzfahrtschiffe. Vom Reynold's Pier aus, auch als James Bond Pier bezeichnet, ist die Innenstadt in ca. 15 Minuten zu Fuß zu erreichen. Außerdem stehen Taxis zur Verfügung. Der Turtle Bay Pier liegt in unmittelbarer Nähe des Stadtzentrums.

DOMINIKANISCHE REPUBLIK

Wer die Dominikanische Republik besucht, der begegnet der Weltgeschichte. Wussten Sie, dass hier die Eroberung Amerikas ihren Anfang nahm, dass es Kolumbus war, der die Insel, die sich heute die Dominikanische Republik und Haiti teilen, Hispaniola nannte? Bereits damals lebten auf der Insel mehrere Millionen Menschen, die Taíno. Der Entdecker nannte sie Indianer, weil er sich in Indien wähnte. Ihre magischen Zeichen schmücken noch heute viele Höhlen im Land. Kolumbus blieb jedoch nicht lange auf der Insel. Aus jener Zeit ist daher wenig erhalten: die Grundmauern seiner ersten Stadt La Isabela und die Ruinen von La Vega Vieja. In den Augen der Spanier hatte er mit der Entdeckung des Westwegs nach „Indien" seine Schuldigkeit getan. Eroberung und Kolonisation übernahmen sie dann doch lieber selbst.

Die heutigen Dominikaner sind ein selbstbewusstes, ja stolzes Volk, und das zu Recht: Neben einer traditionsreichen Geschichte besitzt das Land auch großartige Landschaften und einmalige Strände wie die vielen romantischen Sandbuchten der Halbinsel Samaná oder den Playa Dorada von Puerto Plata.

SANTO DOMINGO

Die Hauptstadt der Dominikanischen Republik, mit ihren rund 3 Mio. Ew. die größte Stadt der Karibik, ist heute eine weltstädtische Metropole mit einer lichterfunkelnden Meile von Luxushotels am Malecón, mit schicken Einkaufszentren (die hier „Plazas" heißen) in der Neustadt, mit Stadtautobahnen und sogar einer Metro.

Santo Domingo de Guzmán, wie die Stadt heute mit vollem Namen heißt, war im 16. Jh. der wichtigste Ort in den spanischen Kolonien. Bartolomé Kolumbus, der Bruder des großen Entdeckers, gründete auf der Westseite des Río Ozama das Städtchen Nueva Isabel, das schon bald von einem Sturm zerstört wurde. Die Neugründung am Westufer war der Ursprung des heutigen Santo Domingo. Vor ihrer Umsiedlung nach Mexiko-Stadt residierten hier die Vizekönige, die im Namen ihrer katholischen Majestäten die spanischen Länder in der Neuen Welt regierten. Hier sammelten sich die beladenen Silberschiffe auf ihrem langen Weg zurück in die Heimat, von hier aus zogen Konquistadoren aus auf der Suche nach neuen Ländern, Schätzen und Wundern. Aber auch Katastrophen und Unglück hat die Stadt erlebt. So plünderte Ende des 16. Jh.s der englische Weltumsegler Francis Drake im Auftrag seiner protestantischen Königin Elizabeth I. die Stadt und hinterließ wenig mehr als ein Trümmerfeld. 1992 wurde Kolumbus zu Ehren das Faro Colón, ein gigantisches, in Kreuzform gehaltenes Grabmal, als Wahrzeichen der Stadt errichtet.

SEHENSWERTES

ACUARIO NACIONAL

Schön breitet sich das Aquarium direkt an der Karibikküste aus. Auf 2450 m² informiert es anschaulich über die einheimische marine Flora und Fauna. Natürlich gibt es auch ein Haibecken mit Acryltunnel, dazu ein imposantes Buckelwalskelett und einen Themenpark für Kinder. *Di–So 9.30–17.30 Uhr | Eintritt 180 Pesos | Av. España 75 | www.acuarionacional.gob.do*

CALLE EL CONDE (🕮 8/B3)

Sie ist die Altstadtpromenade schlechthin: die Fußgängerstraße Calle El Conde. Wer Hunger hat, findet hier jede Menge Schnellrestaurants zwischen Souvenir- und anderen kleinen Läden. Bänke laden zur Bummelpause ein und ganz am Ende, an den *escalinitas* (Treppchen), finden jeden Donnerstag unter dem Motto *Noches de Jazz en la Zona* ab 20 Uhr kostenlose Jazzkonzerte statt. Das alte Tor, die *Puerta del Conde*, liegt genau am anderen Ende auf einer Verkehrsinsel und schützt ein nationales Heiligtum: den *Parque de la Independencia* mit den Ehrengrabmälern der Republikväter Duarte, Sánchez und Mella.

CALLE LAS DAMAS (🕮 8/B3) UND PLAZA DE ESPAÑA (🕮 8/B2)

Die Straße der spanischen Edeldamen! Steinerne Familienwappen, schwere Türen und niedrige Terrakottadächer – auf der Calle Las Damas reihen sich die ältesten Wohnhäuser Santo Domingos aneinander. Das größte Aufsehen erregten hier einst Vizekönigin María de Toledo und ihre Hofdamen, wenn sie zur Kathedrale oder zurück zum Alcázar spazierten. „Begleiten" Sie sie doch einfach mal auf ihrem Rückweg: Gleich am Tor zur ehemaligen Festung *Fortaleza Ozama* mit der *Torre del Homenaje (Di–So 9–17 Uhr | Eintritt 70 Pesos)*, von der Sie einen tollen Ausblick genießen, grüßt Sie der königliche Chronist Gonzalo Fernández Oviedo und daneben, in der *Casa Bastidas* – heute *Museo Infantil Trampolín* (s. Kasten „Mit Kindern unterwegs") –, der Kolumbien-Entdecker Rodrigo de Bastidas. Schräg gegenüber verlässt vielleicht gerade der spätere Eroberer Mexikos, Hernán Cortés, sein Haus (heute französische Botschaft) und eilt voran zu den Häusern des Stadtgründers Nicolás de Ovando und des Ratsherrn Diego de Dávila, die heute zusammen das Hotel Hodelpa Ovando bilden. Die Sonnenuhr

Im Alcázar de Colón residierte zwar nicht Christoph, aber sein Sohn Diego Kolumbus

neben der Hauskapelle der Dávilas sorgte für Pünktlichkeit bei den Audienzen im ersten Rathaus und Gerichtsgebäude, der *Real Audiencia (Di–Sa 9–17, So 9–16 Uhr | Eintritt 100 Pesos)*. In ihr ist heute das Museum zur frühen Stadtgeschichte eingerichtet. Und schon sind Sie am Ziel: der *Plaza de España* mit den Hafentoren in der Stadtmauer und dazwischen dem *Alcázar de Colón (Di–Sa 9–17, So 9–16 Uhr | Eintritt 100 Pesos)*, der Residenz des ersten spanischen Vizekönigs von Amerika. Dieser Titel gebührte eigentlich Kolumbus, war aber erst seinem Sohn und Erben Diego Colón vergönnt. Achten Sie drinnen mal auf die vielen Souvenirs der Spanier aus Europa! Abends erstrahlt der Palast festlich wie auf einer Bühne und in den Boulevardcafés vis-à-vis drängt sich das Publikum, vor allem freitags und samstags, wenn von 20 bis 21 Uhr ein Teil des Platzes unter dem Motto *Santo Domingo de Fiesta* zur Bühne für feurige Folklore- und Flamencotänzer in historischen Kostümen wird.

CATEDRAL SANTA MARÍA LA MENOR
(🗺 8/B3)

Um sie dreht sich alles in der Altstadt: die älteste Kathedrale Amerikas im Parque Colón. Den Grundstein soll Diego de Colón schon 1510 gelegt haben. 1546 erhob der Papst sie zur „Catedral Primada de América". Den Haupteingang verzieren üppige Steinmetzarbeiten. 1877 fand Padre Billini in der Kirche die (mutmaßlichen) Überreste von Kolumbus, für die zur 500-Jahr-Feier der Entdeckung Amerikas 1992 der Faro a Colón errichtet wurde. *Mo–Sa 9–16.30 Uhr | Audioguide 60 Pesos*

FUNDACIÓN GARCÍA-AREVALO

Nur für Liebhaber altamerikanischer Archäologie: Unter den sensationell fein ausgearbeiteten Ausstellungsstücken finden sich auch seltene INSIDER TIPP Keramiken erotischen Charakters. *Mo–Fr 9–17 Uhr | Eintritt frei | Av. San Martín 279 | im Pepsi-Cola-Gebäude*

Mit viel Sorgfalt wurde der Jardín Botánico gestaltet

JARDÍN BOTÁNICO

So liebevoll, wie die Uhr aus Blumen am Eingang angelegt wurde, so ist der ganze Garten gestaltet: mit Naturkundemuseum, Wasserpflanzenpavillon, Kräuter-, Orchideen- und japanischem Garten sowie einem Fluss mit Wasserfall, der sich in den Río Isabela ergießt. Mit einer kleinen Bahn kann man ihn bequem erkunden. *Tgl. 9–17 Uhr | Eintritt 5 Dollar | Av. República de Colombia | www.jbn.gob.do*

PARQUE DE LOS TRES OJOS

Die Hauptattraktion der dreiteiligen, 16 m tiefen Höhle am Ostrand der Stadt ist die Floßfahrt über einen unterirdischen See. In dem dunklen, feuchten Klima gedeihen seltene Pflanzen und leben viele Fledermäuse. *Tgl. 8–17 Uhr | Eintritt 100 Pesos | Av. Las Américas/Parque Mirador del Este*

PLAZA DE LA CULTURA

So einfach kann Kunsterleben sein, denn hier hat man offenbar praktisch gedacht: Neben dem Teatro Nacional befinden sich die drei wohl wichtigsten Museen des Landes auf diesem schönen großen Platz: Das *Museo de Arte Moderno (Mo–Fr 10–18 Uhr | Eintritt 50 Pesos)* spiegelt mit Werken wie Eligio Pichardos „El sacrificio del chivo" oder „La vida de los campesinos" von José Vela Zanetti das dominikanische Kunstschaffen wider. Das *Museo del Hombre Dominicano (Di–So 9–17 Uhr | Eintritt 100 Pesos)* bringt die multiethnische Gesellschaft des Landes näher. Und im hervorragend modernisierten *Museo Nacional de Historia Natural (Di–So 9–17 Uhr | Eintritt 50 Pesos | mnhn.gov.do)* wird man von den INSIDER TIPP blubbernden und pfeifenden Geräuschen singender Wale empfangen und kann u. a. Skelette der Riesen bewundern. *Av. Máximo Gómez/ Av. Pedro Henríquez Ureña*

MIT KINDERN

Ein simuliertes Erdbeben im Saal des Planeten Erde, INSIDER TIPP selber Energie mit einem Fahrrad produzieren oder den Sternenhimmel im Saal des Universums studieren und an lebensgroßen Plastikmenschen die Muskeln oder die Blutgefäße bestaunen: Nicht nur Kinder fasziniert diese großartig aufbereitete Wunderwelt des Museo Infantil Trampolín! Auch der Spaß kommt nicht zu kurz, etwa vor den Zerrspiegeln. *Di–Fr 9–17, Sa/ So 10–17 Uhr | Eintritt 100 Pesos, Kinder 60 Pesos | C/ Las Damas | Casa Bastidas | trampolin.org.do*

ESSEN & TRINKEN

EL CONUCO

Eine Institution, denn mitreißender kann man die Esskultur des Landes gar nicht servieren: Zu dominikanischer Hausmannskost wird hier oft eine temperamentvolle Tanzshow geboten, natürlich Merengue oder Bachata. *C/ Casimiro de Moya 152 | Tel. 809 6 86 01 29 | www. elconuco.com.do | tgl. |* €–€€

EL MESÓN DE LA CAVA

Schon vom Ambiente her ein absolutes Muss: Das Restaurant liegt 50 Fuß unter der Erde in einer natürlichen, romantisch ausgeleuchteten Höhle. Vor dieser Kulisse mit Felswänden und Kronleuchtern werden dominikanische Spezialitäten mit Fisch und Meeresfrüchten, aber auch internationale Gerichte serviert. Beliebt: der *brunch dominical (675 Pesos)* sonntags ab 12 Uhr. *Av. Mirador Sur 1 | Tel. 809 5 33 28 18 | www.elmesondelacava. com| tgl. |* €€€

INSIDER TIPP **TIME** *(🕮 8/B3)*
So köstlich kann fleischlose Kost sein! Dazu der Blick auf den relaxten Betrieb an der Plaza Billini – eine Wohlfühladresse für Vegetarier! *C/ Padre Billini/C/ Arzobispo Meriño | Tel. 809 6 84 31 71 | mittags geschl. | €€*

EINKAUFEN

BERNSTEIN & LARIMAR *(🕮 8/B2–3)*
Eine große Auswahl an Bernstein- und Larimarschmuck und -steinen, dazu jeweils liebevoll gestaltete und als „Museen" deklarierte Schauräume *(Eintritt frei)* bieten die Läden von Jorge Caridad: das *Museo Mundo de Ámbar (C/ Arzobispo Meriño 452 | www.amberworldmuseum.com)* für Bernstein und das *Museo de Larimar (C/ Isabel La Católica 54 | Tel. 80 96 86 57 00)*. Das kleine Museum *(Eintritt frei)* erwartet Sie im Obergeschoss; u. a. ist ein Riesenlarimar zu sehen.

KUNST

Kunst vom Kenner? Das kann teuer werden – aber einen Blick lohnt die arrivierte *Galería de Arte Nader (C/Rafael Augusto Sánchez/C/ Federico Geraldino)* immer. Junge dominikanische Kunsthandwerker und ausgewähltes Kunstgewerbe präsentiert die INSIDER TIPP *Galería Bolós (General Cabral #17 | galeriabolos.blogspot.com)*. Mehr Infos zu Galerien finden Sie auf Facebook unter Aga Dominicana.

KUNSTGEWERBE, ZIGARREN & RUM
Die größte Auswahl an dominikanischen Rumsorten und Zigarren bietet – neben einer ganzen Etage mit geschmackvollem Kunstgewerbe – die *Kenoff International Plaza in der Calle Arzobispo Meriño 206*. Ein *Antikmarkt (Plaza María de Toledo)* findet jedes Wochenende ab 8 Uhr neben dem *Panteón Nacional* statt. Allerlei Kurioses, Ramsch und Schnäppchen finden sich im alten *Mercado Modelo (Av. Mella 505)* am Rand der Altstadt.

ATLANTISSTEIN

Der Larimarstein kommt nur in der Dominikanischen Republik vor. Aus Liebe zu seiner Tochter Lari und weil der Stein hellblau wie das Meer (spanisch mar) ist, taufte ihn ein Minenbesitzer von ursprünglich Travelina in Larimar um. Esoteriker, die dem Stein eine entkrampfende und kreativitätsfördernde Wirkung zuschreiben, nennen ihn Atlantisstein. Fachleute bezeichnen ihn als blauen Pektolith.

ZIEL IN DER UMGEBUNG

LAS SALINAS *(🕮 7/B3)*
Wenn die Dauer Ihres Kreuzfahrtaufenthalts es zulässt, sollten Sie das knapp 100 km westlich von Santo Domingo gelegene Las Salinas besuchen, denn hier erwartet Sie eine überraschend andersartige Landschaft: die INSIDER TIPP *Dünen des Naturparks Las Dunas de las Calderas (Eintritt 100 Pesos)*. Vom Aussichtsturm haben Sie einen tollen Rundblick über Bucht und Dünen. An der Landspitze bei Las Salinas können Sie sehen, wie in Salinen Meersalz gewonnen wird. Mehrere Fischrestaurants laden zur Einkehr ein.

LA ROMANA

(🕮 7/D3) **Auf der einen Seite pfeifende Zuckerzüge und eine quirlige Arbeiterstadt (202 000 Ew.), auf der anderen das Casa de Campo mit seinen Golfplätzen, Luxusvillen und dem Kunstdorf**

Altos de Chavón und dazwischen der hier ins Meer mündende Río Dulce: La Romana bietet spannende Kontraste. Die über 100 Jahre alte Zuckerfabrik *(centralromana.com.do)* gehört zu den größten Arbeitgebern im Land. Der Gründer, die Puerto Rico Sugar Company, verkaufte sie 1967 an den US-Konzern Gulf & Western. Dieser öffnete die Wohnregion der Führungskräfte für eine touristische Nutzung – es entstanden das Luxusresort Casa de Campo und in der Folge der internationale Flughafen und ein Kreuzfahrtanleger. *explorelaromana.com*

SEHENSWERTES

ALTOS DE CHAVÓN ★ (7/D3)

Obwohl erst Ende der 1970er-Jahre entstanden, erweckt das Künstlerdorf dennoch auf sehr gelungene Weise den Eindruck einer Siedlung aus der spanischen Kolonialzeit. In den verschiedenen kleinen Gebäuden sind Ateliers und Werkstätten untergebracht sowie Geschäfte, in denen die Werke der Künstler und Kunsthandwerker verkauft werden, außerdem gibt es Restaurants. Ein guter Zigarrenladen *(Casa Montecristo Cigar Lounge)* ist hier ebenfalls vorhanden. Sie sollten auch einen Blick auf das große Amphitheater werfen. Das *Museo Arqueológico Regional (tgl. 8–21 Uhr | Eintritt frei)* bietet interessante Informationen und eine anschauliche Sammlung zum Leben in der Taíno-Zeit. Wenige Kilometer östlich der Hotelanlage *Casa de Campo | www.altosdechavon.com.*

ZIELE IN DER UMGEBUNG

CUEVA DE LAS MARAVILLAS ★ (7/D3)

Rund 25 km westlich von La Romana liegt die „Höhle der Wunder". Eingebettet in einen botanischen Garten, ausgestattet mit einem Besucherzentrum, Fahrstuhl, behindertengerechten Rampen und von einem 240 m langen Museumspfad mit automatischer Lichtanlage durchzogen, überstrahlt sie alle anderen Höhlen im Land an Glanz. Zur archäologischen Kostbarkeit wird sie durch die 500 mehr als 1000 Jahre alten magischen Felszeichnungen der Urbevölkerung der Taíno. *Di–So 9–17 Uhr | Eintritt 300 Pesos | Autovía del Este zwischen La Romana und San Pedro de Macorís*

Nur vordergründig alt: St.-Stanislaus-Kirche in Altos de Chavón

HIGÜEY (7/D3)

Die ca. 40 km nordöstlich von La Romana gelegene Provinzhauptstadt (140 000 Ew.) wurde bereits im Jahr 1494, nur zwei Jahre nachdem Kolumbus die Neue Welt entdeckt hatte, gegründet und ist damit eine der ältesten Siedlungen der Neuen Welt. Bekannt ist die Wallfahrtskirche *Nuestra Señora de la Altagracia*, in der die Schutzpatronin der Dominikanischen Republik verehrt wird.

ISLA CATALINA (🕮 7/D3

Weil die nur knapp 10 km^2 große Insel alle Varianten eines insularen Ökosystems in sich vereint, wurde sie mitsamt ihren Riffen im Westen und dem Unterwassersteilhang im Süden zu einem großen Nationalpark erklärt. Vor allem aber locken drei herrliche Strände. Taucher können sich auf ein Wrack freuen, das 2007 in nur 3 m Tiefe entdeckt wurde. Es soll die Quedagh Merchant von Pirat „William" Captain Kidd (1645–1701) gewesen sein.

SANTA BÁRBARA DE SAMANÁ

(🕮 7/C–D2 **Die Hauptstadt der gleichnamigen Halbinsel im Nordosten der Dominikanischen Republik wurde 1756 von Familien gegründet, die von den Kanarischen Inseln eingewandert waren.** Nach einem verheerenden Feuer 1946 wurde Samaná vollkommen neu aufgebaut. Mit den Aussichtstürmen an der Promenade am Fährhafen und der 60 m langen Brücke, die die vorgelagerten Cayos La Vigia und Linares verbindet, gibt Samaná, wie die Einheimischen die Provinzhauptstadt (54 000 Ew.) nennen, ein besonders schönes Bild ab. Dass sie im 19. Jh. von freigelassenen Sklaven aus den USA besiedelt wurde, davon erzählen die protestantischen Kirchen im teils steil ansteigenden Ort. Und auf dem Markt kann man noch den englischen Dialekt der alteingesessenen Bürger hören. Das geruhsame Leben des Städtchens spielt sich tagsüber auf der Uferpromenade des Hafens ab, dem Malecón. Im Hafen dümpeln die Fischerboote, und von hier aus legen auch die Boote zum Nationalpark Los Haïtises und die Fähren nach Sabana de la Mar ab. Die nahe gelegene Insel Cayo Levantado ist mit ihrem weißen Sandstrand ein beliebter Picknickplatz.

Einzigartiges Naturerlebnis: die Begegnung mit einem Buckelwal

DA SCHWINGT DAS BEIN

Jamaika hat seinen Reggae, Trinidad seinen Calypso und die Dominikanische Republik den Merengue – wie nicht zu überhören ist, wo immer Menschen und Radios in der Nähe sind. Merengue ist ein heiterer, mitunter polkaähnlicher Zweivierteltakt. Ende des 19. Jh.s war Merengue noch ein Tanz der dominikanischen Oberschicht. Heute tanzt ihn alle Welt, nicht zuletzt dank der international erfolgreichen dominikanischen Gruppe 4:40 *(cuatro cuarenta)*. Sie verhalf auch der mittlerweile populäreren Bachata zu großem Erfolg. Bekannte Interpreten dieser meist von Liebesleid klagenden Musikrichtung im Viervierteltakt sind u. a. Frank Reyes und Luis Vargas. Bei der älteren Generation erfreut sich der rhythmusbetonte Bolero besonderer Beliebtheit.

SEHENSWERTES

BUCKELWALE ★

Wenn Sie das Glück haben und mit Ihrem Kreuzfahrtschiff zwischen Januar und März in der Dominikanischen Republik ankommen, dann können Sie ein faszinierendes Naturschauspiel miterleben. Mitte Januar treffen die bis zu 15 m langen und 30 bis 40 t schweren Meeressäuger aus dem Nordatlantik in der Samanábucht ein, um sich zu paaren, ihre Jungen zu gebären und zu säugen, bis sie stark genug für die Rückwanderung ab März sind. Zum Schutz der Tiere entwickelte die Naturschutzorganisation CEBSE Richtlinien für die Bootsführer. Informationen im *Museo de la Ballena (Mo–Sa 8–12 und 14–16 Uhr | Eintritt 100 Pesos | Av. La Marina/Tiro al Blanco)*. Ein erfahrener Anbieter ist Kim Bedall von *Whale Samaná (Tel. 809 5 38 24 94 | www.whalesamana.com)*.

ZIELE IN DER UMGEBUNG

CAYO LEVANTADO

Samanás Traumstrand will mit dem Boot erobert werden: Er liegt in der Bucht auf dem vorgelagerten Inselchen. Cayo Levantado war früher ein Versteck für Piraten, dann Location für einen Bacardi-Werbespot und wurde schließlich von einem Hotelkonzern besetzt. Aber der westliche Inselteil ist nach wie vor öffentlich und unbedingt einen Ausflug (individuell ab Fährhafen, Preis Verhandlungssache) wert!

LAS TERRENAS ★

Rund 20 km westlich, an der Nordküste der Halbinsel Samaná, liegt der ruhige Ort Las Terrenas (ca. 13 000 Ew.). Nach einer atemberaubenden Fahrt über die Hügelkette im Inneren der Halbinsel kommt man hinunter an die Küste und findet sich an der malerischen, sichelförmigen Playa Bonita inmitten von Palmenhainen und Bananenplantagen wieder. In der INSIDER TIPP *Haitian Caraibes Art Gallery (Calle Principal 159)* können Sie außergewöhnliche Skulpturen, haitianische Gemälde, Voodoo-Bilder und Zigarren (mit eigener Marke) erstehen.

LOS HAÏTISES ★

Der Nationalpark liegt ca. 20 km südlich an der Bucht von Samaná und ist nur mit dem Boot zu erreichen, entweder von Samaná aus oder über Sabana

Gondelbahn auf den Pico Isabel de Torres

de la Mar. Der Park ist ein Karst- und Mangrovengebiet, in dessen Kanälen, Flussmündungen und Buchten Sie eine Vielzahl verschiedener Vögel beobachten können. Doch nicht nur Vogelliebhaber, sondern auch Pflanzenfreunde werden hier ihre Entdeckungen machen.

SABANA DE LA MAR

Das ehemalige Fischerdorf hat heute ca. 15 000 Einwohner und ist ein kleines, noch angenehm ruhiges Touristenzentrum. Es liegt gegenüber von Samaná in ca. 20 km Entfernung an der Südseite der Bucht. In der Nähe gibt es schöne Strände wie die Bahía de la Jina.

PUERTO PLATA

(🕮 7/C2) **Puerto Plata ist die größte Stadt (146 000 Ew.) an der Nordküste der Dominikanischen Republik und hat sich trotz ihrer Größe einen nostalgischen Charme bewahrt.**

Davon überzeugen spätestens ein gemütlicher Spaziergang über die historische Calle Beller mit ihren schön verzierten karibischen Häuschen, ein Besuch des Parque Central oder eine Fahrt auf dem meerumbrandeten Malecón bis zum „Parque Turístico y Paisajístico de La Puntilla" mit der alten Piratenwehrburg, dem Fort San Felipe. Und ein im Wortsinn erhebendes Erlebnis erwartet Sie mit der Fahrt in der Kabinenbahn auf den Hausberg Pico Isabel de Torres. Nicht verpassen!

Ihre Blütezeit erlebte die 1495 gegründete Stadt, als die spanische Zollreglementierung wegfiel und Präsident Gregorio Luperón (1838–1898) von Puerto Plata aus das Land regierte. Aus dieser Zeit

JURASSIC HARZ

Kleine Ursache, große Wirkung: Als Michael Crichton im Bernsteinmuseum von Puerto Plata die vielen Einschlüsse von Insekten, Blättern und sogar kleinen Wirbeltieren in den Jahrmillionen alten Bernsteinen sah, soll ihm die zündende Idee zu seinem Bestseller Jurassic Park gekommen sein: Urzeittiere mittels DNA-Analyse wiederauferstehen zu lassen. Der dominikanische Bernstein ist besonders klar und außergewöhnlich reich an Einschlüssen. Er entstand vor ca. 50 Mio. Jahren und ist nichts anderes als ein fossiler Harztropfen von den Laubbäumen der Nordkordillere, der hier und da eine geheimnisvolle Welt urzeitlicher Insekten und Libellen, sogar Frösche und Geckos konservierte.

stammen u. a. der alte Bahnhof der Strecke Santiago–Puerto Plata beim Hafen und der Glorieta-Pavillon im Parque Central. Heute ist sie Hauptstadt der großen Provinz Puerto Plata. Insgesamt nennt man die Küste um Puerto Plata gern Bernsteinküste *(Costámbar)*, aber der Name ist irreführend: Die Fundstätten des Bernsteins liegen im Gebirge. *www.discoverpuertoplata.com, popreport.com*

SEHENSWERTES

FORTALEZA SAN FELIPE ★

Die trutzig mit Bollwerken bewehrte kleine Festung (1541, Ursprung 1502) sollte einst den Hafen vor Piraten schützen, diente aber später vor allem als Gefängnis, u. a. für den Landesvater Juan Pablo Duarte nach dem Putsch von Santana. Innen wurde ein Militärmuseum mit Waffen aus der Zeit der Befreiungskriege eingerichtet. Neben dem Fort steht ein Gedenkstein für die Opfer der 1996 vor Puerto Plata abgestürzten Birgenair-Maschine. *Di–So 9–16.45 Uhr | Eintritt 100 Pesos | La Puntilla*

MUSEO DEL ÁMBAR

Seit Jahrmillionen in fossiles Baumharz eingeschlossene Termiten, Ameisen, Blätter, Blumen oder Wurzeln, sogar Vogelfedern und Gliedmaßen eines Leguans können Sie im Bernsteinmuseum bewundern. Es ist in der prachtvollen ehemaligen Villa Bentz untergebracht, die 1918 für Augusto Bentz, Sohn des 1865 eingewanderten Bremer Kaufmanns Emil Bentz, erbaut wurde. *Mo–Sa 9–18 Uhr | Eintritt 50 Pesos | C/ Duarte 61 | www.ambermuseum.com*

PICO ISABEL DE TORRES ★

Den 793 m hohen Hausberg von Puerto Plata erschließt eine Gondelbahn, der *Teleférico (tgl. 8.30–17 Uhr | 350 Pesos | Av. Circunvalación)*. Oben wurde nach dem Vorbild von Rio de Janeiro eine Christusfigur errichtet. Im Gipfelnaturpark kann man auf langen Wanderwegen seltene Pflanzen bewundern.

ANLEGESTELLEN

▶ SANTO DOMINGO

Für Kreuzfahrtschiffe hält Santo Domingo zwei Anlegestellen bereit. Vom Don Diego Quay ist das alte Zentrum Santo Domingos zu Fuß zu erreichen. Die andere Anlegestelle, der Sans-Souci-Pier, liegt mit modernem Terminal etwas weiter entfernt. Passagiere nutzen am besten ein Taxi, um in das Zentrum zu gelangen.

▶ LA ROMANA

Kreuzfahrtschiffe legen entweder im Hafen von La Romana an, von wo aus die Innenstadt zu Fuß in ca. 15 Minuten zu erreichen ist, oder an der La Romana vorgelagerten Insel Isla Catalina. Passagiere werden von hier aus an Land getendert.

▶ PUERTO PLATA/BERNSTEINKÜSTE

Das Kreuzfahrtterminal Turistica Amber Cove ist das jüngste Kreuzfahrtterminal der Dominikanischen Republik und besitzt zwei Liegeplätze für Kreuzfahrtschiffe. Das Terminal befindet sich ca. 12 km westlich von Puerto Plata. Zur Weiterfahrt dorthin stehen im Hafen Taxis und Mietwagen zur Verfügung.

▶ SANTA BÁRBARA DE SAMANÁ

Kreuzfahrtschiffe ankern in der Bucht von Samaná, Passagiere werden mit Tenderbooten an Land gebracht.

PUERTO RICO

„Welcome to America!" Puerto Rico (3,7 Mio. Ew.) lässt keinen Zweifel aufkommen: Sie befinden sich auf dem Boden der Vereinigten Staaten.

Außerhalb der Hauptstadt San Juan zeigt sich das spanische Erbe weitaus unverfälschter, ohne den oberflächlichen Glanz der Metropole San Juan. Auch wenn in den kleinsten Orten die Straßenkreuzer aus Detroit das Bild bestimmen: Hier hilft manchmal sogar die englische Sprache nicht weiter, ohne Spanisch geht nichts.

Jahrhundertealtes Wahrzeichen von San Juan ist die Festung San Felipe del Morro

SAN JUAN

Die Hauptstadt Puerto Ricos (ca. 400 000 Ew.) ist ein Teil Florida, ein Teil New York, ein Teil Altspanien – und das alles unter karibischer Sonne.

Hier braust der Verkehr wie in zahllosen anderen Metropolen der USA, sodass man sich manchmal kaum über die Straße traut. Hier stehen in den Geschäftsvierteln die Hochhäuser, hier regiert der Dollar das Geschehen. Dennoch vereint sich in dieser Stadt die liebenswürdige Offenheit der US-Amerikaner mit dem überschäumenden Temperament der spanischstämmigen Bevölkerung. Man findet leicht Kontakt, vor allem, wenn man ein paar Sätze Spanisch kann.

SEHENSWERTES

ALTSTADT ★ *(9/B-C2–3)*

Die Altstadt von San Juan ist ein einziges Freilichtmuseum, und insofern erinnert sie an Alt-Havanna oder an die Altstadt von Santo Domingo. Hier wie dort lebt das Erbe der Spanier fort, die ehemalige Kolonialmacht hat die Gesichter dieser Städte unverwechselbar geprägt. Für zielstrebige Besucher steht an oberster Stelle die Festungsanlage *San Felipe del Morro (tgl. 9–16 Uhr | Eintritt 5 US$)* an der Nordwestspitze der Halbinsel, die von den Spaniern zum Schutz des Hafens errichtet wurde. Nach einer Besichtigung der Anlage, die sich über verschiedene Ebenen hinzieht und mit ihren Gängen, Kellern, Zinnen, Plätzen, Türmen und Verliesen einer eigenen kleinen Stadt gleicht, ist es leicht, sich vorzustellen, dass El Morro ein harter Brocken für Angreifer war. Die zweite Festung schützte San Juan gegen Angriffe vom Land aus. *San Cristóbal (tgl. 9–16 Uhr | Eintritt 5 US$)* aus dem 18. Jh. ist jüngeren Datums als El Morro und niemals in Feindeshand gefallen. In der dritten alten Befestigungsanlage der Altstadt, *La Fortaleza (außer an Feiertagen Mo–Fr 9–17 Uhr)*, residiert der jetzige Gouverneur der Insel, der jüngste einer langen Reihe von über 170 Amtsinhabern, die von hier aus die Geschicke der Insel lenken. Das älteste Gebäude der Stadt, sogar das älteste erhaltene Haus Puerto Ricos, ist die ehemalige Residenz der Nachfahren des ersten Gouverneurs Ponce de León, die INSIDER TIPP *Casa Blanca (Mi–So 9–16.30 Uhr | Eintritt 3 US$ | Calle San Sebastián 1)* nahe El Morro. Am Callejón de la Capilla, einer typischen Altstadtgasse, steht die Casa de Callejón, ein koloniales Wohnhaus aus dem 18. Jh., in dem das Museo de la Arquitectura Colonial und das Museo de la Familia Puertoriqueña untergebracht sind. Neben den historischen Gebäuden und den kleinen Gassen sind es vor allem die Plätze der Altstadt, die ein unverwechselbares Bild prägen. Schön anzusehen sind die Plaza de Colón mit einer Statue des Entdeckers Christoph Kolumbus, die Plaza de Armas mit dem Rathaus und die Plaza de San José mit der gleichnamigen Kirche und dem Dominikanerkloster.

BOTANISCHER GARTEN

Der Besuch des fast 0,6 km² großen Gartens ist eine gute Möglichkeit, erste Bekanntschaft mit der vielfältigen Inselflora zu schließen. Neben einheimischen Bäumen und Büschen wachsen hier auch viele Pflanzen aus anderen tropischen und subtropischen Gebieten der Welt. Besonders bemerkenswert ist die Sammlung einheimischer Orchideen, die durch viele schöne Züchtungen ergänzt wird. *Tgl. 6–18 Uhr | Eintritt frei | Barrio Venezuela | Route 1, an der Kreuzung Route 847*

FUERTE SAN GERÓNIMO

Diese kleine Festungsanlage wurde im Jahr 1788 an der Stelle eines früheren Wehrbaus errichtet und befindet sich in der Nähe des Caribe Hilton. Es lohnt sich, auf die Wälle zu klettern, um den Blick auf Condado zu genießen. Leider ist der Zugang manchmal geschlossen. *Im Osten | Puerta de Tierra*

MUSEO PABLO CASALS *(9/B2)*

Das Haus mit dem wohlklingenden Namen, in dem der berühmte spanische Cellist Pablo Casals starb, ist zu einer kleinen Gedenkstätte umgewandelt worden, in der Noten, Musikinstrumente und andere Memorabilien ausgestellt sind. *Di–Sa 9.30–16 Uhr | Eintritt 1 US$ | Calle San Sebastián 101*

ANLEGESTELLE

▶ SAN JUAN

Der Hafen von San Juan verfügt über vier Kreuzfahrtanleger in der Nähe der Altstadt, die Sie von hier aus zu Fuß erreichen können. Gut 1,5 km entfernt liegt der Pan American Pier auf der Isla Grande. Die Altstadt von San Juan ist von hier aus mit dem Taxi oder dem Bus erreichbar.

PRAKTISCHE HINWEISE

CAYMAN ISLANDS

GELD & KREDITKARTEN

Auf den Cayman Islands wird mit dem Cayman-Dollar bezahlt; gängige Kreditkarten und die Girocard werden akzeptiert. Banken sind meist Mo–Do von 9 bis 16 und Fr von 9 bis 16.30 Uhr geöffnet.

GESUNDHEIT

Die medizinische Versorgung auf Grand Cayman ist gut; es empfehlen sich eine Auslandskrankenversicherung und eine Reiseapotheke.

TELEFON, HANDY & INTERNET

Bei Anrufen auf die Cayman Islands folgt die Rufnummer direkt auf die Landeskennzahl. Vorwahl: 001345. Günstiger als die eigene SIM-Karte sind vor Ort gekaufte für Telefonate mit dem Handy. Auf Grand Cayman gibt es zahlreiche kostenlose WLAN-Hotspots (Infos unter *www.explorecayman.com*, Rubrik Discover Cayman, Travel Information).

KUBA

GELD & WÄHRUNG

Bislang funktioniert Kubas Wirtschaft noch mit zwei parallelen Währungssystemen: dem kubanischen Peso (CUP oder MN) und dem Peso Convertible (CUC), der Devisenwährung, die im Ausland wertlos ist. Euros kann man problemlos in CUC zum aktuellen Kurs umtauschen; der Tausch von US-Dollars in CUC dagegen kostet zehn Prozent Gebühr! In den meisten Touristenzonen wird der Euro auch als Barzahlungsmittel akzeptiert. Am besten reist man mit Euros in bar, außerdem europäischer VISA- oder Master-Card-Kreditkarte (sie darf aber nicht von einer US-Bank stammen, auch EC/Maestro-Karten werden nicht akzeptiert!). Mit Kreditkarte und Pass bekommt man in den Banken gegen eine Provision von 3 Prozent Bargeld in der Devisenwährung CUC. Mit PIN und einer (europäischen) VISA-Kreditkarte kann man inzwischen auch an vielen Geldautomaten CUC ziehen – sofern keine technischen Probleme vorliegen.

GESUNDHEIT

Benötigte Medikamente sollten in ausreichender Menge mitgeführt werden. Wer ärztlich behandelt werden muss, zahlt bar in CUC. Für die Einreise zwingend ist der Nachweis einer Auslandskrankenversicherung in spanischer Sprache!

INTERNET & WLAN

Inzwischen besitzt fast jeder Ort einen WLAN-Hotspot, meist in einem öffentlichen Park. Die staatliche Telefongesellschaft Etecsa verkauft Internetzugangskarten für 2–7 CUC (1–5 Std.). Wer nicht via Smartphone, sondern via PC ins Internet will, findet in den Etecsa-Büros Terminals, die aber recht langsam sind.

JAMAIKA

GELD & WÄHRUNG

Die offizielle Landeswährung ist der Jamaika-Dollar (J$ oder JMD), der nicht unbeschränkt ein- und ausgeführt werden darf. In touristisch geprägten Gegenden werden die Preise meist in US-Dollar angegeben. Bei Einkäufen per Kreditkarte werden die Summen immer in US-Dollar umgerechnet. Für kleinere

Große Antillen

Urlaub von Anfang bis Ende: die wichtigsten Informationen für Ihre Reise

Ausgaben und Besuche in lokalen Restaurants empfiehlt es sich, Jamaika-Dollar bei sich zu haben. Zweigstellen von Banken gibt es auf der ganzen Insel. Geschäftszeiten: 8.30–14.30, Fr 8.30–16 Uhr.

GESUNDHEIT

In der regenreichen Jahreszeit sollte man sich mit ausreichend Insektenschutzmitteln ausstatten. Eine Auslandskrankenversicherung inklusive Rückholversicherung mit uneingeschränkter Kostenübernahme ist empfehlenswert. Grundsätzlich müssen in Jamaika Arztbesuche oder Krankenhausaufenthalte bar bezahlt werden. Wenn Sie entsprechend versichert sind, erhalten Sie die Auslagen gegen Beleg erstattet.

TELEFON & HANDY

Für Gespräche nach Jamaika wählt man die Länderkennzahl 001, dann die Rufnummer ohne eine einleitende 0 (wie etwa bei deutschen Ortsvorwahlen). Auf Jamaika muss die komplette zehnstellige Nummer gewählt werden. Für Telefonate nach Deutschland ist die Ländervorwahl 01 149, nach Österreich 01 143, in die Schweiz 01 141. Alle europäischen Provider bieten Roaming an, der Preis pro Minute liegt bei bis zu 3 Euro. Preiswerter für Vieltelefonierer ist es, sich eine neue SIM-Karte mit landeseigener Nummer zu kaufen (rund 3 Euro).

DOMINIKANISCHE REPUBLIK

GELD & KREDITKARTEN

Die gängigen Kreditkarten werden fast überall akzeptiert.

GESUNDHEIT

Auf jeden Fall ratsam ist eine Auslandskrankenversicherung mit Rückholversicherung. Impfungen sind für die Dominikanische Republik offiziell nicht erforderlich.

INTERNET & WLAN

Mit kostenlosem *wifi* (*wifispc.com*) locken viele Restaurants und Cafés. Internetcafés nehmen durchschnittlich 30 Pesos für eine Stunde. Für eine fast flächendeckende Versorgung mit Internet im Land sorgen 15 Firmen, die führenden sind Claro und Orange.

PUERTO RICO

GELD & KREDITKARTEN

Die puertoricanische Währung ist der US$. Die gängigen Kreditkarten werden akzeptiert. Mit ihnen kann, zusammen mit der PIN-Nummer, an Geldautomaten Geld abgehoben werden; auch die Girocard wird akzeptiert. Banken sind Mo–Fr von 9 bis 15.30 Uhr geöffnet.

GESUNDHEIT

Die ärztliche Versorgung ist relativ gut. Es ist ratsam, eine Auslandskrankenversicherung abzuschließen, nützlich ist eine Reiseapotheke.

TELEFON, HANDY & INTERNET

Für Telefonate nach Puerto Rico wählt man die Rufnummer direkt nach der Landeskennzahl. Vorwahl Puerto Rico: 001787. Für Handytelefonate empfiehlt es sich, eine SIM-Karte vor Ort zu kaufen. Freies WLAN bieten in San Juan zahlreiche Cafés und Restaurants an.

KLEINE ANTILLEN – LEEWARD ISLANDS

Bei den Leeward Islands handelt es sich nicht um eine zusammenhängende geografische oder politische Gruppe.

Zwischen den einzelnen Inseln, die einst die Verwaltungseinheit der Leewards innerhalb des britischen Empires bildeten, lagen schon damals verstreut kleine Inseln, die unter französischer, holländischer oder dänischer Herrschaft standen. Die Leeward Islands bilden die nördliche Gruppe der Inselkette der Kleinen Antillen, im Süden schließen sich die Windward Islands an. Insgesamt erstrecken sich die Kleinen Antillen in einem ca. 800 km langen Bogen von der Küste Südamerikas bis südöstlich von Puerto Rico. Viele der Inseln sind vulkanischen Ursprungs. Das lässt sich nicht nur an den oft steil aus dem Meer aufsteigenden Küsten und den schroffen Bergen im Inland erkennen, sondern auch an vielen, nur zeitweise ruhenden Vulkanen, an heißen Quellen und Schwefeldämpfen, die unvermutet aus Felsspalten aufsteigen. Nur einige Inseln sind flach und zeugen so von ihrer Entstehung aus gehobenen Kalksteinsedimenten – meist die Überreste von Korallenbänken.

BRITISH VIRGIN ISLANDS

Kleine, größere und winzige Inseln – dazwischen breitet sich das in allen erdenklichen Blau- und Grünschattierungen schimmernde Meer aus.

Bild: Eine von vielen: Tortola gehört zu den British Virgin Islands

Hier scheint fast immer die Sonne, das Meer schimmert blau und die Sehnsucht nach entspanntem Karibikflair wird allerorten erfüllt

Schon Kolumbus beeindruckte die immense Anzahl der Inseln, und er benannte die Gruppe nach den 11 000 Jungfrauen, die im 5. Jh. die Gefolgschaft der heiligen Ursula gebildet haben sollen. Tatsächlich sind es nur um die 100 Eilande, die sich östlich von Puerto Rico als nördlichste Gruppe der Kleinen Antillen aus dem Meer erheben.

Politisch sind die Inseln zweigeteilt: im Osten die British Virgin Islands, im Westen die US Virgin Islands. Die British Virgin Islands sind ruhiger als ihre US-Schwestern, die seit dem Jahr 1917 als abhängiges Gebiet zu den USA gehören: *Go Liming* („ganz entspannt nichts tun") ist die Grundeinstellung. Unter den Einheimischen hat sich viel von der britischen Lebensart gehalten, die sich im subtropischen Klima von ihrer besten Seite zeigt. Die Inseln sind heute britische Kronkolonie, d. h., die englische Königin ist nominell das Staatsoberhaupt, doch ihre inneren Angelegenheiten regeln die Inselbewohner weitgehend autonom.

TORTOLA

(🕮 7/F3) **Tortola, die von den Spaniern wegen der vielen Turteltauben so genannte Hauptinsel der British Virgin Islands (15 000 Ew.), liegt am Nordrand des Francis Drake Channel.**

Der größte Teil der 54 km² großen Insel ist von Buschwerk bewachsen, da der Regenwald abgeholzt wurde, um Raum für Zuckerrohrpflanzungen zu schaffen. Nur am Mount Sage im Westen der Insel findet man noch Spuren der einstigen Vegetation. Die Hauptstadt ist Road Town, wo auch die Kreuzfahrtschiffe anlegen.

SEHENSWERTES

J. R. O'NEAL BOTANIC GARDENS

Der botanische Garten der Inselhauptstadt ist zwar noch jung, kann aber schon eine schöne Anlage vorweisen; mit einem kleinen Orchideenhaus, einem Bambushain und mehreren Teichen. *Mo–Sa 9–16.30 Uhr | US$ 3 | Road Town*

MOUNT SAGE NATIONAL PARK

Mount Sage ist der höchste „Berg" (543 m) auf Tortola. An seinen Hängen liegt der Nationalpark, in dem der Regenwald unter Schutz steht. Auf Tortola und den anderen Inseln wächst wegen der intensiven Plantagenwirtschaft fast nur macchiaähnliches Strauchwerk. Auch der Regenwald ist nicht beeindruckend, aber von guten Wegen erschlossen. *Eintritt US$ 3 | Ridge Road | Zufahrt über Joe's Hill Road*

ROAD TOWN

Das wenig aufregende Städtchen liegt von Hügeln umrahmt an einer Bucht der Südküste. Road Town ist die Hauptstadt, der Gouverneurs- und Verwaltungssitz

The Baths: ein etwas nüchterner Name für die spektakuläre Kulisse

der British Virgin Islands. Von seinem geschäftigen Hafen aus fahren Fähren zu den anderen Inseln und nach St. John's und St. Thomas.

VIRGIN GORDA

(🕮 7/F3) **Die Insel (3000 Ew.) liegt östlich von Tortola und ist ca. 20 km² groß und damit die drittgrößte der British Virgin Islands. Landschaftlich ist sie eher trocken-tropisch, dafür hat sie mit The Baths eine besondere geologische Attraktion zu bieten.**

Etwas despektierlich bezeichnete Christoph Kolumbus die Insel aufgrund ihrer beuligen Form als „dicke Frau" – was sich vielleicht mit etwas Fantasie nachvollziehen lässt, wenn man eine Karte der Insel betrachtet. Vor allem aber punktet die Insel mit ihren schönen Stränden und üppiger Natur.

Reminiszenz an die britische Vergangenheit sind die Überreste einer Kupfermine. Hier bauten Bergleute, die aus dem britischen Cornwall auf die Insel gekommen waren, im Südwesten von Virgin Gorda das Metall ab. Die Ruinen erheben sich direkt an der Küste, von hier hat man einen schönen Ausblick auf das klare blaue Meer. Davon, dass auch die Spanier sich einst in der Karibik tummelten, zeugt auch heute nicht nur der Name der Hauptstadt Spanish Town, sondern auch die Ruinen einer spanischen Festung.

SEHENSWERTES

THE BATHS ★

Eine Reihe von großen Felsbrocken bilden kleine Bassins, Höhlen und offene oder überdeckte Kanäle – interessante Stellen, ideal zum Schwimmen und Schnorcheln. Ein teilweise mit Seilen gesicherter Pfad führt durch die Felsformationen, auf dem eine gewisse Trittsicherheit Voraussetzung ist. Wer den Weg vom Strand von The Baths aus bewältigt, gelangt zur Devil's Bay, einer schönen hufeisenförmigen Bucht. *Tgl. 9–16 Uhr | US$ 3 | südwestl. von Spanish Town*

SPANISH TOWN

Das verschlafene Hauptstädtchen im Südosten der Insel hat einen schönen Jachthafen mit Einkaufsarkaden, Pub und Supermarkt.

JOST VAN DYKE

(🕮 7/F3) **Der Name der nur ca. 8 km² großen und damit kleinsten der British**

ANLEGESTELLEN

▶ TORTOLA

Kreuzfahrtschiffe machen auf Tortola in der Regel am Kreuzfahrtanleger in Road Town fest. 2015 wurde ein modernes Kreuzfahrtterminal errichtet, in dem sich zahlreiche Geschäfte und Restaurants befinden. Das Zentrum von Road Town ist fußläufig erreichbar.

▶ VIRGIN GORDA

Auf Virgin Gorda machen Kreuzfahrtschiffe entweder im Hafen von Spanish Town oder im North Sound fest. In Spanish Town werden Passagiere zum Jachthafen getendert, im North Sound zum Bitter End Yacht Club.

▶ JOST VAN DYKE

Die meisten Kreuzfahrtschiffe machen in Great Harbour fest; Passagiere werden mit Tenderbooten an Land gebracht. Vom Hafen aus ist das Zentrum zu Fuß erreichbar.

In der Karibik liebt man es farbenfroh, auch beim Restaurant

Virgin Islands (ca. 300 Ew.) erinnert an einen holländischen Piraten. Die Überreste ehemaliger Zuckermühlen zeugen von dem einstigen bedeutenden Wirtschaftsfaktor.

Auf der autofreien Insel nordwestlich von Tortola – Hauptort ist Great Harbour – gibt es ein paar Restaurants und Beachbars, die bei Seglern populär sind, z. B. die *Soggy Dollar Bar*, White Bay. Probieren Sie mal einen INSIDER TIPP Painkiller, einen Drink, der es in sich hat!

Wenn Sie gut zu Fuß sind und sich im wahrsten Sinne des Wortes einen vollumfänglichen Überblick über die Insel verschaffen wollen, dann können Sie auf den gut 320 m hohen *Majohnny Hill* steigen. Der Aufstieg ist zwar recht knackig, zumal bei den subtropischen Temperaturen, die Ihnen die Schweißtropfen auf die Stirn treiben könnten, dafür wird man aber mit einer spektakulären Rundumsicht belohnt. Wer lieber in der Sonne chillen möchte, hat die Auswahl zwischen der von einem Riff geschützten *Great Harbour Bay* oder der *White Bay*.

SINT MAARTEN

(10/A-B2) **Sint Maarten teilt sich mit seinem französischen Nachbarn St-Martin die Insel. Diese Verbindung ist weltweit die kleinste geografische Einheit, auf der zwei Nationalstaaten friedlich nebeneinander leben.**

Der niederländische Teil (41 000 Ew.) ist etwas kleiner als der französische und liegt im Süden der Insel. Sint Maarten ist die wohlhabendste der Niederländischen Antillen. Das hat man sich allerdings durch eine extensive Bebauung für den Tourismus erkauft: mit großen Hotelanlagen nach US-Muster, Restaurants, Bars, Kasinos.

PHILIPSBURG

Die Hauptstadt liegt auf einer Landbrücke zwischen der Groot Baai und dem Great Salt Pond.

Parallel zum Wasser verlaufen die Hauptstraßen Front Street und Achterstraat. Front Street ist die Einkaufsmeile mit Duty-free-Shops, Restaurants, Spielkasinos. Sehenswert ist das alte niederländische Gerichtsgebäude.

SEHENSWERTES

ST. MAARTEN PARK

Ein Muss für Kinder! Ein kleiner Zoo mit karibischen und südamerikanischen Tieren und Pflanzen wie Moschusschweinen oder Lisztaffen. Eine Fledermaushöhle beherbergt eine Familie von Flughunden. *Tgl. 9–17 Uhr | Eintritt US$ 10 | Madame Estate, Arch Road*

WATHEY SQUARE

Der Platz bildet das Herz von Philipsburg. Seine holländischen Gebäude, wie das Rathaus und das Gericht, stammen aus dem 18. Jh. Die Hotels, Restaurants und Duty-free-Shops wurden nach und nach um den Platz herum erbaut.

ESSEN & TRINKEN

L'ESCARGOT

Provençalische Küche mit karibischem Einschlag wird auf der Rundumterrasse des farbenfrohen Gingerbread-Hauses serviert. Neben den namensgebenden Schnecken gibt's auch andere Köstlichkeiten! *Front St. | Tel. 721 5 42 24 83 |* €€€

ANLEGESTELLE

▶ SINT MAARTEN

Im Kreuzfahrthafen von Philipsburg können auch die größten Kreuzfahrtschiffe anlegen. Im Hafen stehen Taxis und Ausflugsbusse zur Verfügung.

SAINT-BARTHÉLEMY

(🕮 10/B2) **St-Barts oder St-Barth, wie die Insel in Kurzfassung auch genannt wird, gehört zusammen mit Martinique und Guadeloupe zu den Französischen Antillen. Während Saint-Barthélemy und Guadeloupe zu den Leeward Islands zählen, gehört Martinique zu den Windward Islands. Gemeinsam gehören die Inseln zum„französischen Außengebiet" und sind französischsprachige Enklaven in der sonst anglophonen Region.**

SCHLAGFERTIGE INSULANER

Nationalsport der englischen Inseln ist und bleibt Cricket! Die Leeward Islands stellen ebenso wie die Windward Islands und Barbados Teams, die international beachtliche Erfolge erzielen. Am Wochenende, wenn die Sonne nachmittags nicht mehr so heiß brennt, finden sich die Einheimischen mit Kind und Kegel auf dem *local cricketground* ein, um ihre Spieler anzufeuern und Snacks zu verspeisen. Es macht gar nichts, wenn man die Spielregeln nicht versteht, man kommt und geht sowieso, wandert ein bisschen herum, schwatzt oder sitzt unter einem Baum im Schatten ...

Auf der wenig mehr als 20 km² großen Insel leben 8000 Einwohner, meist normannischer oder bretonischer Abstammung. Auch diese Insel wechselte zigmal den Besitzer: Im 18. Jh. gehörte sie zu Frankreich, dann rissen sich Schweden und die Malteserritter St-Barthélemy unter den Nagel; 1878 fiel sie an Frankreich zurück. Heute lebt die Insel hauptsächlich vom Tourismus. Der Jetset der Welt aus Politik und Wirtschaft, aus der Film- und Musikbranche trifft sich hier traditionell gern zu einer einzigen großen Party. Die Kennedys und die Rockefellers besaßen hier einst Anwesen. Dementsprechend hoch ist das Preisniveau.

GUSTAVIA

Dem Hauptort der Insel, der idyllisch an einem geschützten Naturhafen liegt, merkt man trotz des Feuers, das hier 1852 wütete, in der Architektur den schwedischen Einfluss noch immer an.

Er wurde nach König Gustav III. Adolf benannt. Aus dieser Zeit stammt auch der Status der Insel als Freihafen.

SEHENSWERTES

THE WALL HOUSE MUSEUM

Das Museum ist in einem historischen Gebäude aus der Epoche der schwedischen Herrschaft (1785–1878) beheimatet. Es widmet sich anhand von Exponaten und schriftlichen Dokumenten der Geschichte von Saint-Barthélemy. *Rue de Pere Irenee de Bruyn*

ANLEGESTELLE

▶ SAINT-BARTHÉLEMY

Kreuzfahrtschiffe ankern in der Regel vor dem Hafen von Gustavia; Passagiere werden an Land getendert, von wo aus das Zentrum fußläufig zu erreichen ist.

ZIELE IN DER UMGEBUNG

COROSSOL

In dem Fischerdorf wird's vor allem abends interessant, wenn die Boote vom Meer zurückkommen. Manche Frauen tragen sonntags zum Kirchgang noch ihre traditionelle normannische Tracht. Sie verkaufen Flechtwerk und andere Handarbeiten. *2 km nordwestlich von Gustavia*

INTER OCEANS MUSEUM

Das kleine Museum beherbergt eine tolle Muschelsammlung mit wunderschönen Exemplaren nicht nur aus der Karibik, sondern aus allen Meeren der Welt. *Di–So 9–12 und 14–17 Uhr | Eintritt 3 Euro | Corossol*

ANTIGUA

(🕮 10/C2) **Antigua ist die zentrale Insel der nördlichen Kleinen Antillen und die größte der Leeward Islands.**

Die Insel (70 000 Ew.) wurde im Jahr 1493 von Christoph Kolumbus entdeckt; seit dem Ende des 17. Jh.s war sie in britischem Besitz, und man findet keine französischen Einflüsse. Im 18. Jh. war Antigua der wichtigste Flottenstützpunkt der Briten in der Karibik. Seit 1981 ist die Insel eine selbstständige konstitutionelle Monarchie innerhalb des British Commonwealth, in der die englische Königin durch den Governor General vertreten wird. Während der Kolonialzeit war Antigua eine typische Zuckerinsel mit vielen Plantagen.

Mancherorts sieht man heute noch die Reste jener steinernen Mühlen, in denen das Zuckerrohr gepresst wurde.

ST. JOHN'S

In der an der Nordwestküste der Insel gelegenen Hauptstadt St. John's, die im 17. Jh. von englischen Kolonisten gegründet wurde, leben mehr als die Hälfte der Einwohner Antiguas (ca. 36 000).

Die in den 1980er-Jahren restaurierten historischen Gebäude am Kreuzfahrtschiffhafen Redcliffe Quay und Heritage Quay täuschen darüber hinweg, dass der größere Teil von St. John's sanierungsbedürftig ist.

SEHENSWERTES

MUSEUM OF ANTIGUA AND BARBUDA

Hier erhalten Sie einen Einblick in über 10 000 Jahre Inselgeschichte und ihre Entstehung sowie Informationen zu ihren Bewohnern im Laufe der Zeit. Im Museumsladen gibt es u. a. lokales Töpferhandwerk und alte Ansichten der Insel zu kaufen. *Mo–Sa 8.30–16.30 Uhr | Long St | www.antiguamuseums.net*

ZIELE IN DER UMGEBUNG

ENGLISH HARBOUR

In einer Bucht an der Südküste, ca. 20 km von St. John's entfernt, fanden die Engländer im 18. Jh. einen idealen Ankerplatz für ihre Karibikflotte. Diese war hier sicher vor Stürmen und von den umliegenden Felsen herab auch leicht zu verteidigen. Die Hafenanlagen sind heute eine große Touristenattraktion Antiguas, aber auch die Ruinen der Befestigungsanlagen *Shirley Heights* lohnen eine Besichtigung.

NELSON'S DOCKYARD ★

Der spätere Sieger der Seeschlacht von Trafalgar diente hier als junger Offizier, später war er Kommandant des Flottenstützpunkts, der seinen Namen trägt. Die Anlage ist heute ein Freilichtmuseum mit alten Lagerhäusern und Werkstätten, Docks und Wohnräumen. Zum Teil sind sie auch zu Hotels oder Restaurants umgebaut worden. Nelson's Dockyard ist Ende April bis Anfang Mai auch Hauptquartier der INSIDER TIPP „Antigua Sailing Week", einer Regatta, die wahren Volksfestcharakter hat. *20 km südöstlich von St. John's*

ANLEGESTELLE

▶ ANTIGUA

Saint John's verfügt über drei Anlegestellen, den Heritage Quay und den Redcliffe Quay, beide in fußläufiger Entfernung vom Stadtzentrum, und den Tiefwasserhafen, der ca. 1,5 km vom Zentrum entfernt ist. Hier stehen Taxis zur Weiterfahrt zur Verfügung.

GUADELOUPE

(🕮 10/C–D3) **Die Kariben haben mehr Fantasie bei der Namensgebung der Insel bewiesen als Kolumbus: Er nannte sie nach der „Heiligen Jungfrau von Guadeloupe" in Spanien, bei ihnen hieß sie Karukera: „Insel der schönen Gewässer".**

Die Form der Insel (ca. 405 000 Ew.) gleicht einem Schmetterling, die beiden Flügel sind lediglich durch einen schmalen Landstreifen miteinander verbunden. Der östliche, kleinere Flügel heißt Grande-Terre, ist ein relativ flaches Kalksteinplateau korallinen Ursprungs und wird landwirtschaftlich genutzt. Die westliche Hälfte heißt Basse-Terre; hier erheben sich Berge vulkanischen Ursprungs bis zu einer Höhe von fast 1500 m. Ein großer Teil des Landesinneren von Basse-Terre wird vom Nationalpark Parc National de la Guadeloupe eingenommen, in dem sich nicht nur der Vulkan Soufrière, sondern auch ausgedehnte Regenwälder befinden. Zum Département Guadeloupe gehören außer den kleineren, vor der Küste liegenden Inseln auch das weiter entfernte St-Martin und St-Barthélemy.

BASSE-TERRE

Die hübsche kleine Hafenstadt an der Südwestküste liegt am Fuß des Vulkans La Soufrière.

Obwohl sie sehr viel kleiner (12 000 Ew.) ist als Pointe-à-Pitre, ist sie dennoch der Verwaltungssitz des gesamten Départements. An den schmalen Straßen und kleinen palmenbestandenen Plätzen liegen einige schöne Bauten französischer Kolonialarchitektur wie das Hôtel-de-Ville, und im Süden findet man die Ruinen des *Forts Louis Delgrès* aus dem 17. Jh. *(tgl. 9–16.30 Uhr | Eintritt frei)*.

SEHENSWERTES

CATHÉDRALE NOTRE-DAME-DE-GUADELOUPE

Ein erster Vorgängerbau wurde an der Stelle der heutigen Kathedrale bereits 1673 errichtet, 1730 entstand die Kathedrale im „jesuitischen" Barockstil aus vulkanischem Gestein. Bei einem Wirbelsturm 1825 zerstört, wurde das Gotteshaus ca. 10 Jahre später wiederaufgebaut. Interessantes Detail: Der Glockenturm ist nicht in das Kirchengebäude integriert, sondern steht separat davon. *Place Bébian*

SAINT-CLAUDE

Der nette Vorort von Basse-Terre liegt am Hang des Vulkans *La Soufrière*. Vom Picknickplatz im Ort haben Sie einen schönen Blick auf den Vulkan.

ZIELE IN DER UMGEBUNG

LA SOUFRIÈRE

Mit 1467 m ist der noch immer aktive Vulkan La Soufrière nicht nur der höchste Berg Guadeloupes, sondern der gesamten Kleinen Antillen. Sollten Sie bei Ihrem

DO YOU SPEAK ENGLISH?

Ja, schon, irgendwie. Doch die Bewohner der britischen Inseln sprechen nicht einfach nur Englisch. Sie sprechen „Westindisch", eine melodiöse Sprache, die mit eigener Grammatik und Idiomen schon für Engländer schwer zu verstehen ist. Für deutsche Ohren ist das Westindische, will man miteinander redende Einheimische „belauschen", hoffnungslos, zumal es extrem schnell gesprochen wird. Redewendungen wie *I don't know* (Ich weiß es nicht) werden in der landesüblichen Sprache zu *me na no. I'll see you later* (bis bald) schrumpft zu einem knappen *lata; the worst place* (der schlimmste Ort) ist *de wussest place*. Natürlich haben sich die Inselbewohner, die mit ausländischen Gästen zu tun haben, ein gewisses „Amerikanisch" zugelegt, weshalb es kaum zu sprachlichen Problemen kommen wird, wenn man des Englischen einigermaßen Herr ist.

Noch immer steigt Dampf aus dem Krater des La-Soufrière-Vulkans auf

Kreuzfahrtaufenthalt auf Guadeloupe ausreichend Zeit zur Verfügung haben und Ihnen der Sinn nach Gipfelstürmen stehen, bietet sich ein Mietwagen kann: Denn man kann mit dem Auto bis auf 1100 m Höhe fahren – durch subtropischen Regenwald, der zum Erkunden animiert. Vom Parkplatz auf der *Savane à Mulets* folgt dann allerdings noch ein 300 m langer, recht schwieriger Aufstieg. Ein Teil des Weges führt durch feuchtkalte Nebelwolken, die leider am Krater oft die Sicht beeinträchtigen.

POINTE-À-PITRE

Pointe-à-Pitre (16 000 Ew.) ist das wirtschaftliche Zentrum der Insel.

Die Stadt ist nicht besonders attraktiv, bietet aber neben einigen guten Restaurants viele Einkaufsmöglichkeiten, die nicht anders sind als in den Metropolen Europas. Das Stadtzentrum liegt um die *Place de la Victoire*, einen schönen kleinen Park mit Schatten spendenden Bäumen am Wasser. Hier findet auch der Wochenmarkt statt, bei dem man spürt, dass man sich in der Karibik befindet und nicht in Frankreich.

SEHENSWERTES

MUSÉE SCHŒLCHER

Das Museum in einem hübschen Kolonialbau mit schmiedeeisernen Fensterbalkonen ist dem Elsässer Victor Schœlcher gewidmet, der im 19. Jh. für ein Ende der Sklaverei auf den Französischen Antillen kämpfte. In seinem ehemaligen Wohnhaus sind Möbel, Interieur und Erinnerungsstücke zu sehen. *Mo–Fr 9–17 Uhr | Eintritt 3 Euro | 24 Rue Peynier*

ANLEGESTELLE

▸ GUADELOUPE

Kreuzfahrtschiffe machen auf Guadeloupe im Hafen von Pointe-à-Pitre fest. Von dem großen Kreuzfahrtterminal aus ist das Zentrum problemlos zu Fuß erreichbar.

KLEINE ANTILLEN – WINDWARD ISLANDS

Bei den geografischen Bezeichnungen für die Inselgruppen der Kleinen Antillen herrscht ein herrliches Durcheinander. Eigentlich bezeichnen die Namen Windward und Leeward Islands die Lage der Inseln im Verhältnis zu den Passatwinden.

Folgerichtig nannten die Spanier, Franzosen und Holländer die vor der Küste Südamerikas liegenden Inseln die „Inseln unter dem Winde" *(leeward)* und den Bogen, der sich von Süd nach Nord bis zu den Großen Antillen spannt, die „Inseln über dem Winde" *(windward)*. Aus unerklärlichen Gründen entschlossen sich die Briten jedoch, ihre Besitztümer von Trinidad bis St. Lucia als Windward Islands zu bezeichnen und die nördlich liegenden, bis hinauf zu den Virgin Islands, als Leeward Islands. Heute werden zu den Windward Islands alle nördlich von Grenada und südlich von Dominica (beide inklusive) liegenden Inseln gezählt. Diese Region der „schlafenden Vulkane" besitzt eine vielfältige Flora und Fauna. Die meisten Inseln haben große Naturparks mit Wander- und Trekkingpfaden. Der Schwefelgeruch ist beim Aufstieg durch den Regenwald nahezu allgegenwärtig.

DOMINICA

(🕮 11/B1) **Dominica ist zwar die größte englischsprachige Insel der Kleinen Antillen, aber mit 73 000 Einwohnern nicht so dicht besiedelt wie andere Antilleninseln. Die Natur ist weder von Industrie**

Bild: Regenwälder und Berge vulkanischen Ursprungs machen die Windward Islands aus

Strände wie aus Zucker, subtropisches Klima, die Zeugen europäischer Einflüsse – die Windward Islands erfüllen Inselträume

noch vom Tourismus oder der Landwirtschaft zerstört worden und somit noch weitgehend intakt.

Dominica war das erste Land, das Kolumbus auf seiner zweiten Reise in die Neue Welt sichtete. Bevor er nach Norden weitersegelte, gab er der Insel den Namen, den sie auch heute noch trägt: Dominica, nach dem Tag des Herrn, an dem er sie gesichtet hatte. Erst 200 Jahre nach Kolumbus ließen sich die ersten Franzosen auf Dominica nieder. Deren Herrschaft über die Insel ging zwar im 18. Jh. zu Ende, bildete aber noch lange ein starkes Element unter britischer Oberhoheit. Großbritannien entließ Dominica von 1925 an schrittweise in die Unabhängigkeit, bis 1978 das autonome Commonwealth of Dominica entstand.

Das Landesinnere ist gebirgig, seine Höhenzüge weisen teilweise noch heute vulkanische Aktivität auf, ohne die die Insel nicht entstanden wäre. An den schmalen Küstenstreifen im Westen der Insel und in den flachen Tälern des Inneren breiten sich neben den Siedlungen

Bananen-, Kokos- und Zitrusfruchtplantagen aus. An den Hängen der Ostseite finden sich ausgedehnte Regenwälder, die durch die feuchten Atlantikwinde – die schweren Wolken regnen sich hier ab – entstanden sind. Der Regenwald auf Dominica ist ein sogenannter Stufenwald, in dem sich unter den Schirmen der Urwaldriesen eine Vielzahl anderer Pflanzen, z. B. Farne, Palmen, Orchideen, Bromelien und Schlingpflanzen, ausgebreitet hat. In diesen Wäldern sind zahlreiche Vogelarten beheimatet, zu denen der Sisserou gehört, eine seltene Papageienart, die zum Nationalvogel der Insel erklärt wurde. Der im deutschsprachigen Raum auch als Kaiseramazone bekannte Vogel ist leider vom Aussterben bedroht. In den Wäldern tummeln sich zudem unzählige Insektenarten, Schmetterlinge und Käfer, die besonders durch ihre prächtigen Farben auffallen. Giftschlangen gibt es auf Dominica nicht, dafür aber die Riesenschlange Boa constrictor, die über 4 m lang werden kann. Neben kleineren Eidechsenarten lebt auf Dominica der größere Leguan, der seine Verwandtschaft mit den Dinosauriern schon wegen seines Aussehens nicht leugnen kann. Besonders häufig kommt er an der Westküste vor.

Tropische Idylle: der Emerald Pool

ROSEAU

Die kleine Stadt (16 500 Ew.) vermittelt einem das Gefühl, in die Kolonialzeit zurückversetzt worden zu sein. Keine Hotelkästen, wenige Neubauten, keine Duty-free-Shops. Das Städtchen schmiegt sich mit seinen bunten Häusern malerisch an die dahinter aufragenden Berge. Roseau ist das Verwaltungs- und Handelszentrum der Insel. Farmer und Geschäftsleute kommen, um Behördengänge zu erledigen und Obst und Gemüse zu verkaufen. Ein Spaziergang durch die Altstadt ist ein geruhsames Unternehmen. Samstagmorgen ist Wochenmarkt an der Mündung des Roseau River im Nordwesten der Stadt. Das Geburtshaus der Schriftstellerin Jean Rhys in der Cork Street war lange eine kleine Pension, die heute allerdings geschlossen ist.

SEHENSWERTES

BOTANISCHER GARTEN

Der 10 ha große Botanische Garten im Südosten der Stadt wurde vor über hundert Jahren auf dem Areal einer ehemaligen Zuckerplantage angelegt. Mit seinen mächtigen alten Bäumen ist er ein hervorragender Ort, um sich im Schatten auszuruhen. *Tgl. 8–16 Uhr*

CATHEDRAL OF OUR LADY OF FAIR HAVEN

Mit dem Bau des römisch-katholischen Gotteshauses wurde zu Anfang des 19. Jh.s begonnen, fertiggestellt wurde es allerdings erst 1916 mit dem Westturm. Die Kirche ist aus Vulkangestein errichtet, in ihrem Innern sind viktorianisches Kirchengestühl und Wandmalereien aus derselben Epoche zu sehen. *20 Virgin Lane*

DOMINICA MUSEUM

Das Museum in unmittelbarer Nähe des Kreuzfahrtanlegers erzählt die Entwicklung der Insel von ihrer Entstehung über die ersten Bewohner bis hin zur jüngeren Geschichte. *Mo–Fr 9–16, Sa 9–12 Uhr | Eintritt 3 EC$ | Dame Mary Eugenia Charles Blvd*

ESSEN & TRINKEN

OLD STONE BAR AND GRILL

Alte Steinmauern und viele Grünpflanzen geben dem kleinen Restaurant mit dem freundlichen Service ein schönes Ambiente. Sehr überzeugend: die Shrimps mit Ananas-Salsa! *15 Castle St. | Roseau | Tel. 767 4 40 75 49 | €€*

ZIELE IN DER UMGEBUNG

EMERALD POOL

Ein hübscher kleiner Wasserfall stürzt in eine von Wald umgebene Felsgrotte und lädt zu einem kühlenden Bad ein. *Eintritt US$ 5 | ca. 22 km nordöstlich von Roseau*

SULPHUR SPRINGS

Wenn Sie sich während Ihres Aufenthalts einen Mietwagen nehmen wollen, sind die heißen Schwefelquellen, die davon zeugen, dass Dominica vulkanischen Ursprungs ist, ein interessantes Ziel. Sie können sie mit dem Auto bequem erreichen, nur die letzten paar Meter geht man besser zu Fuß. Die Quellen entspringen auf einer lediglich wenige Quadratmeter großen Fläche. Hier und da blubbert es: Wasser und Gas entweichen aus der Tiefe. Der strenge Geruch von Schwefel kündigt sich schon aus einiger Entfernung an. *Auf halbem Weg zwischen Roseau und Laudat.*

ANLEGESTELLE

▶ **DOMINICA**

Kreuzfahrtschiffe legen in Roseau in der Nähe des Zentrums an, das zu Fuß zu erreichen ist. Für Ausflüge auf der Insel stehen an den Anlegern Taxis, Mietwagen und Minibusse bereit.

MARTINIQUE

(🕮 11/B-C1) **Auf Martinique, in der Sprache der Ureinwohner Madinia („Blumeninsel"), soll es die schönsten Mädchen der ganzen Karibik geben ...**

Die Insel (ca. 400 000 Ew.) teilt mit vielen anderen in der Region eine unruhige Geschichte. Sie wechselte mehrmals zwischen Großbritannien und Frankreich. 1762 besetzten die Engländer Martinique, um die Insel später im Tausch gegen Kanada, Senegal, St. Vincent und Tobago an Frankreich zurückzugeben. Dieser in der Rückschau reichlich verwegen erscheinende Tausch war damals aus französischer Sicht durchaus sinnvoll, da Martinique und Guadeloupe wichtige Zuckerproduzenten waren. Noch heute ist Martinique eine landwirtschaftlich intensiv genutzte Insel, zu deren Exportgütern neben Zucker und Rum auch Bananen und Ananas gehören.

FORT-DE-FRANCE

Zur Hauptstadt wurde der Ort erst 1902, nachdem St-Pierre bei einem Vulkanausbruch untergegangen war.

Heute ist Fort-de-France eine florierende Metropole (ca. 160 000 Ew.), die französisches Flair versprüht. Sehenswert sind das *Fort St-Louis*, das auch heute noch militärisch genutzt wird und deshalb nur eingeschränkt zugänglich ist, und das La *Savane* genannte schöne Parkgelände an der *Baie des Flamands*. Hier stehen die Statuen der Kaiserin Joséphine (die erste Frau Napoleons wurde 1763 auf Martinique geboren) und des Anführers der ersten französischen Siedler auf der Insel, Pierre Belain d'Esnambuc.

SEHENSWERTES

BIBLIOTHÈQUE SCHŒLCHER

1886/87 im Stil des Historismus errichtet, beherbergt das Gebäude heute die umfassende Büchersammlung von Victor Schœlcher. Das sehenswerte Gebäude steht Anfang der 1990er-Jahre unter Denkmalschutz. *Mo 13–17.30, Di–Do 8.30–17.30, Fr 8–17.30, Sa 8.30–12 Uhr | Eintritt frei | 1, rue de la Liberté*

MUSÉE DÉPARTEMENTAL D'ARCHÉOLOGIE ET DE PRÉHISTOIRE DE LA MARTINIQUE

Im Museum sind Ausstellungen zur indianischen Vergangenheit Martiniques und zur Geschichte der Sklaverei zu sehen. *Mo 13–17, Di–Fr 8–17, Sa 9–1/ Uhr | Eintritt 4 Euro | 7, rue de la Liberté*

ZIELE IN DER UMGEBUNG

CENTRE D'INTERPRÉTATION DU PATRIMOINE PAUL GAUGUIN

Fast jeder hat sie schon einmal gesehen – die von der Landschaft, den Menschen und den Farben der Insel inspirierten Gemälde von Paul Gauguin, der 1887 einige Monate auf Martinique verbrachte und hier eine Phase kreativen Schaffens durchlebte. Das moderne Museumsgebäude bietet multimedial aufbereitet einen Einblick in das Werk des Künstlers. *Di–Sa 9.30–17, So 9.30–15 Uhr | Eintritt 8 Euro | Anse Turin Quartier Beauregard | 97221 Le Carbet | ca. 32 km nördlich von Fort-de-France*

MONT PELÉE

Sie können den 1397 m hohen, imposanten Mont Pelée im Norden der Insel mit dem Auto erreichen. Im Kreuzfahrthafen können Sie z. B. ein Taxi für die Fahrt mieten. Auf halber Strecke den Vulkan hinauf befindet sich ein Parkplatz mit einer Aussichtsplattform, von der aus Sie einen schönen Blick auf den Atlantik haben. Wer möchte und fit genug ist, kann von hier aus bis zum Krater hinaufsteigen. *Circa 44 km nördlich von Fort-de-France*

INSIDER TIPP MUSÉE DU RHUM SAINT-JAMES

Dieses Museum befindet sich in einem schönen Kolonialgebäude. Zur Besichtigung gehören auch ein Rundgang durch die heutige Brennerei und eine Rum-Verkostung. *Mo–Fr 9–17, Sa/So 9–13 Uhr | Eintritt frei | Saint James Distillery | Sainte-Marie | ca. 35 km nordöstlich von Fort-de-France*

ST-PIERRE ★

Das Unheil brach am 8. Mai 1902 über die Stadt herein. Die Bewohner von St-Pierre hatten das warnende Grummeln des Mont Pelée in den vergangenen Tagen einfach ignoriert, ebenso die Flucht aller Tiere. Und plötzlich verwandelte der Vulkan die Hauptstadt Martiniques mit einem glühenden Ascheregen inner-

Friedlich wirkt heute der Mont Pelée oberhalb von St-Pierre

halb von drei Minuten in ein karibisches Pompeji. Von den Einwohnern soll nur einer den Ausbruch überlebt haben – eingeschlossen in einer Zelle wegen Trunkenheit. Das kleine Dorf, das heute den Namen St-Pierre trägt, steht an der Stelle der untergegangenen Stadt. Einzelne Gebäudereste können besichtigt werden, u.a. die lebensrettende Gefängniszelle. Das Museum informiert über den Hergang der Katastrophe. *Tgl. 9–17 Uhr | Eintritt 5 Euro | ca. 33 km nördlich von Fort-de-France*

ZOO DE MARTINIQUE

Ein durchaus ungewöhnlicher Ort für einen Zoo: Auf dem Gelände des ältesten Hauses der Insel, der Habitation Latouche aus dem Jahr 1643, tummeln sich heute Tiere Zentral- und Südamerikas, Australiens und Afrikas. Romantisch muten die Ruinen der Gebäude an, farbenfroh leuchtet das Gefieder der Loris, majestätisch bewegen sich große Katzen wie Jaguar und Puma. Im zugehörigen Restaurant gibt es Snacks und kleine Lunchgerichte *(11.30–14.30 Uhr)*. *Tgl. 9–18 Uhr (letzter Einlass 16.30 Uhr) | Eintritt 16,50 Euro | Anse Latouche, Le Carbet, St-Pierre | ca. 33 km nördlich von Fort-de-France | www.zoodemartinique.com*

ANLEGESTELLE

▶ MARTINIQUE

In Fort-de-France machen Kreuzfahrtschiffe überwiegend am Pointe-Simon-Pier fest, der im Zentrum der Hauptstadt gelegen ist. Eine weitere Anlegestelle befindet sich am Quai des Tourelles, ca. 2,5 km vom Zentrum entfernt. An den Anlegern stehen Taxis für Ausflüge zur Verfügung.

ST. LUCIA

(🗺 *11/C2*) **St. Lucia trägt eins der Wahrzeichen der Kleinen Antillen: den Doppelkegel der spitzen Pitonberge. Er ziert nicht nur zahlreiche Postkarten, sondern auch die Titel einiger Bücher über diese Region.**

Die Insel (ca. 173 000 Ew.) ist typisch für die Windward Islands: Sie besitzt ausgedehnte Sandstrände und vorgelagerte Korallenbänke, tropischen Regenwald, einen Vulkan und Schwefelquellen sowie Waldreservate zum Schutz der einheimischen Papageienart *Jacquot* und anderer seltener, zum Teil endemischer Vogelarten. Wer bei seinem Kreuzfahrtaufenthalt auf der Insel die atemberaubende Natur erleben will, der findet ein reiches Angebot, das von geführten oder ungeführten Wanderungen durch den Tropenwald über alle Wassersportarten bis zu Wal- und Schildkrötenbeobachtung reicht. Die Sprache der *Lucies* (sprich: *Luuschies*), wie sich die Einheimischen selbst bezeichnen, ist *Kwéyòl*, eine Art Patois, zusammengesetzt aus Englisch und Französisch, aber mit eigener Grammatik und Syntax, die selbst für die Westinder anderer Inseln unverständlich sind.

Die Pitonberge grüßen schon bei der Anfahrt mit dem Schiff

CASTRIES

Die Hauptstadt St. Lucias (ca. 16 000 Ew.) wurde 1948 bei einem Großbrand fast vollkommen zerstört. Gebäude aus der Zeit vor dem Brand findet man deshalb kaum.

Lohnend ist ein Besuch der *Kathedrale* am Columbus Square, die im Innern mit farbenfrohen Dorfszenen an Wänden und Decken bestickt. Falls Sie an einem Samstagvormittag in der Stadt sind, sollten Sie auch auf den Wochenmarkt gehen, der an der *Jeremie/Ecke Peynier Street* abgehalten wird.

ZIELE IN DER UMGEBUNG

LUSHAN COUNTRY LIFE PARK

Eine schöne Alternative zum Strandaufenthalt stellt ein Besuch des Lushan Country Life Parks dar. Mit einheimischen

Guides geht es hier durch den Regenwald, die schön angelegten Gärten und zu den traditionellen Häusern. Dabei erfährt man viel Wissenswertes über St. Lucias Geschichte, die Traditionen und die Natur. An jedem Halt werden unterschiedliche Dinge vorgestellt: Gewürze, Kräuter, tropische Vögel oder saisonale Früchte. Auch kreolische Spezialitäten werden als Finger Food gereicht.

PIGEON ISLAND

Die mit St. Lucia durch einen Damm verbundene Insel war immer wieder Schauplatz der Geschichte: Hier wurden Überreste indianischer Ureinwohner gefunden, der Pirat Jambe de Bois (Holzbein) fand Unterschlupf in einer Höhle, von hier aus setzte Admiral Rodney 1782 Segel, um gegen die Franzosen zu kämpfen. Ruinen und Festungen belegen die unruhige Vergangenheit. Die beiden Strände laden zum Bad, es gibt ein Restaurant und Picknickplätze. Das Museum in der Offiziersmesse informiert über die historischen Geschehnisse.

PITONS ★

Die Wahrzeichen der Insel liegen an der Südwestküste, südlich von *Soufrière*. Hier erheben sich direkt am Meer der *Gros Piton* und der *Petit Piton*: spitze Bergkegel vulkanischen Ursprungs, die eine Höhe von über 700 m erreichen. Geübte Bergwanderer bzw. Kletterer können den Aufstieg wagen, sollten sich aber in Soufrière unbedingt einen Führer suchen. *Von Soufrière auf der Straße nach Süden Richtung Choiseul*

REGENWALD VON FOND ST. JACQUES

Um das Dorf Fond St. Jacques herum breitet sich ein noch relativ intaktes Regenwaldgebiet aus. Hier gibt es noch Exemplare des seltenen *St.-Lucia-Papageis (Amazona versicolor)*.

SEILBAHN GOLDEN

St. Lucias hügelige Landschaften und das üppige Grün im Regenwald können Abenteuerlustige bei einer Fahrt in einer offenen Seilbahn erleben. Sie schwebt 20 Minuten durch die Baumwipfel beim Canopy im Osten der Insel. Ein Guide begleitet die Besucher dann auf einer kleinen Wanderung, die zu den Ziplines führt. Auf bis zu 45 m Höhe rutscht man hier über sieben Strecken an Stahlseilen durch über 1,5 km die Luft – gut gesichert versteht sich.

SULPHUR SPRINGS UND DIAMOND FALLS

Ein lohnender Trip, wenn Sie während Ihres Aufenthalts einen Mietwagen nehmen wollen: Die Bewohner Soufrières lotsen Besucher, die mit dem Leihwagen auf der malerischen Küstenstraße von Castries ankommen, gern mit den Worten „See the Drive-in-Vulcano" in den Krater eines Vulkans, den man (allerdings nicht ganz) mit dem Auto befahren kann. Man muss sein Auto auf einem Parkplatz davor abstellen *(tgl. 9–17 Uhr | EC $ 5)*. Neben den *Sulphur Springs*, die ihre Anwesenheit durch den Gestank von Schwefel ankündigen, lohnt ein Besuch der *Diamond Falls and Baths* für ein erholsames, entspannendes Bad. *Geführte Touren tgl. 10–17 Uhr | Sulphur Springs oder Diamond Gardens je EC $ 10*

ANLEGESTELLE

▶ ST. LUCIA

Vom Kreuzfahrtanleger in Castries ist das Zentrum in ca. 15 Minuten zu Fuß erreichbar. Im Hafen stehen Taxis zur Verfügung; verhandeln Sie den Preis vor Fahrtantritt.

ST. VINCENT

(🕮 11/B2) **St. Vincent und die südlicher liegenden Grenadinen gelten neben den Virgin Islands als schönstes Segelrevier der Karibik. Die einzelnen Inselchen liegen oft nur wenige Kilometer voneinander entfernt im türkisfarben leuchtenden, seichten Wasser und begeistern nicht nur Segler, sondern auch Kreuzfahrtreisende.**
St. Vincent (117 000 Ew.) ist eine Insel vulkanischen Ursprungs mit entsprechender Vegetation, Wasserfällen und Schwefelquellen. Auch hier haben sich im 17./18. Jh. die Briten mit den Franzosen um die Insel gestritten. Nach dem Krieg gegen die „Black Caribs“, rebellische Nachkommen von Kariben und Sklaven, der 1779 ein blutiges Ende nahm, erlangten die Briten die Herrschaft über St. Vincent. Seit 1979 ist die Insel unabhängig; die englische Königin ist aber noch immer nominelles Staatsoberhaupt der repräsentativen Monarchie.

KINGSTOWN

Kingstown ist nicht nur die Hauptstadt, sondern mit knapp 13 000 Einwohnern auch die größte Stadt der Insel.
Im Jahr 1722 gegründet von den Franzosen, wurde die Stadt 57 Jahre später von den Briten erobert. Wichtiger Wirtschaftsfaktor ist der Hafen; über diesen werden landwirtschaftliche Erzeugnisse der Insel verschifft, und es existieren Fährverbindungen zu den benachbarten Grenadinen.

ANLEGESTELLE

▶ ST. VINCENT

In Kingstown machen Kreuzfahrtschiffe in der Nähe des Zentrums fest. Wenn Sie mit dem Taxi Ausflüge unternehmen wollen, verhandeln Sie den Fahrpreis vor Fahrtantritt.

SEHENSWERTES

BOTANICAL GARDENS ★

Der botanische Garten in Kingstown, der 1765 gegründet wurde, ist der zweitälteste der westlichen Hemisphäre. Seit dieser Zeit werden hier seltene Pflanzen gezüchtet, außerdem widmet sich die *Nicholas Wildlife Aviary* der Nachzucht der seltenen und vom Aussterben bedrohten Königsamazone, einer auf St. Vincent endemischen Papageienart. Sie sollten sich für ca. US$ 5 einen Führer mit auf den Rundgang nehmen. *Tgl. 7–18 Uhr | Eintritt EC$ 5 | Leeward Highway*

ST. GEORGE'S CATHEDRAL

Die heutige Kirche, erbaut im frühen 19. Jh., steht an der Stelle eines Vorgängerbaus, der durch einen Hurrikan im späten 18. Jh. zerstört wurde. Der Turm des hell gestrichenen Gotteshauses wirkt mit seinen Zinnen eher wie ein Befestigungs- als ein Kirchenturm. Im Inneren sind die Buntglasfenster sehenswert, die u. a. die Kreuzigungsszene darstellen, ebenso das Rednerpult aus Messing mit einer außergewöhnlichen Adlerform, die Mahagonikanzel und ein kunstvoll verziertes Taufbecken aus weißem Marmor. *Grenville Street | stgeorgescathedralsvg.com*

ZIELE IN DER UMGEBUNG

INSIDER TIPP FALLS OF BALEINE

Der Wasserfall im Nordwesten ist zu Fuß nur schwer zu erreichen. Schließen Sie sich einer Bootstour an, die verschiedene Veranstalter anbieten. Im Preis sind ein Picknick und eine Schnorchelpause enthalten. *Bootstour: US$ 70–80 pro Person*

FORT CHARLOTTE

Die Befestigungsanlage erhebt sich 200 m über dem Nordende der Bucht von Kingstown. 1806 wurde sie errichtet und diente der Verteidigung gegen Angriffe von See sowie der „Black Caribs" – viele der Kanonen zeigen noch landeinwärts. Die Geschichte der „Black Caribs" wird in den Gemächern der Festung dargestellt. *Mo–Fr 8–15 Uhr | Eintritt US$ 2 | ca. 2,5 km westlich von Kingstown*

GRENADA

(🕮 11/B3) **Die Insel (100 000 Ew.) ist wegen ihrer abwechslungsreichen Landschaft und Vegetation ein karibisches Idyll der besonderen Art. Ihr Vulkan, Mount Qua Qua, ist für viele ihrer natürlichen Attraktionen verantwortlich: Regenwald, Kratersee und Wasserfälle sind Teil des großen Nationalparks.**

Die Küste der 311 km² großen Insel wird von Sandstränden, Mangrovenhainen und Steilhängen gesäumt – hier und da unterbrochen von den bunten Holzhäuschen eines verschlafenen Fischerdorfs. Kaffeeplantagen, Mangowälder und Bambushaine ziehen sich die niedrigen Hügel hinauf. Die ganze Insel duftet exotisch, denn Grenada ist die „Isle of Spice", die Insel der Gewürze, die hier neben Zuckerrohr, Kakao und Bananen angebaut werden: Muskat, Gewürznelken, Lorbeer, Ingwer, Zimt, Piment und Kurkuma werden von hier in die ganze Welt exportiert. Grenada beherrschte 1983 für kurze Zeit die Schlagzeilen, als eine Invasionstruppe der USA die Insel besetzte und die angeblich kommunistische Regierung stürzte. Begründet wurde dies zum einen mit der Behauptung, US-amerikanische Studenten auf der Insel seien bedroht, und zum anderen mit dem Bau eines Großflughafens mithilfe Kubas. Dies sahen die USA als Versuch Castros an, sich auf den Kleinen Antillen einen Luftwaffenstützpunkt zu schaffen. Nach der „Hilfsmission" wurde eine provisorische Regierung eingesetzt, die bald demokratische Wahlen durchführte. Heute hat sich Grenada von den Wirrnissen erholt. Der Tourismus, der seinerzeit stark zurückgegangen war, hat wieder zugenommen.

Postkartenidylle im Hafen von St. George's

ST. GEORGE'S

Grenadas Hauptstadt – so wird behauptet – sei die schönste Stadt aller Karibischen Inseln. Und das stimmt tatsächlich!

Um eine Landzunge und die natürliche, Carenage genannte Hafenbucht herum gelegen, ziehen sich die Häuser der Stadt (ca. 8000 Ew.) im Halbkreis die Hügel hinauf. Unten im Hafen sieht man

Faszinierend: der Unterwasserskulpturenpark

häufig die weißen Kreuzfahrtschiffe liegen. Doch lebhaft geht es in St. George's immer zu. An der *Wharf Road* werden die kleinen Frachtschiffe be- und entladen, die zwischen den Inseln verkehren. Und an der dem offenen Meer zugewandten *Esplanade* herrschen Geschäftigkeit und Trubel.

SEHENSWERTES

GRENADA NATIONAL MUSEUM

In dem Gebäude, das im Lauf der Zeit schon als Kaserne, Gefängnis, Hotel und Lagerhaus diente, kann man heute u.a. die großen Kupferkessel bewundern, in denen der Zuckerrohrsaft eingekocht wurde. *Mo–Fr 9–16.30, Sa 10.30–13 Uhr | Eintritt US$ 5 | Young/Monckton St*

UNTERWASSERSKULPTUREN

Auf die Idee muss man erst einmal kommen – Kunst unter Wasser zu präsentieren! Getan hat dies der englische Tauchlehrer und Künstler Jason de Caires Taylor mit seinem Skulpturenpark vor der Küste Grenadas und so einen spannenden Hotspot für Taucher und Schnorchler geschaffen. Mittlerweile gibt es mehr als 80 Gipsobjekte, die den Meeresbewohnern als künstliche Riffe dienen und so eine Symbiose aus Kunst und Natur darstellen. Für die Besucher des Parks ist es ein überwältigenden Erlebnis, diese Figuren zu sehen, wie sie da liegen, sitzen oder stehen und immer wieder durch die Strömung, das Licht und den Sand ihr Aussehen verändern.

ZIELE IN DER UMGEBUNG

CONCORD FALLS ★

Die drei Wasserfälle in der Nähe des Dorfes Concord sind einen Besuch wert. Der Weg führt etwa 45 Minuten durch Muskatnussbaumwälder sanft nach oben. Er kreuzt ständig einen kleinen Bach, der den unteren Fall speist. Der Aufstieg selbst ist nicht sehr schwierig, nur die letzten Meter müssen Sie im Bachbett über große Felsbrocken hinaufgehen. Mitten im Regenwald stürzt der Wasserfall über eine Felskante 10 m in die Tiefe und wird in einem Bassin gestaut. *Auf der Küstenstraße von St. George's aus bis zum Dorf Concord; die Wasserfälle sind von dort ab ausgeschildert | Eintritt US$ 1*

DOUGALSTON SPICE ESTATE

Grenada ist als Gewürzinsel bekannt und das bemerken Besucher gleich nach der Ankunft, weil ihnen die sanfte Brise das unverkennbare Aroma exotischer Gewürze in die Nase bläst. Diese werden hier in großem Umfang auf Plantagen angebaut, den sogenannten *Spice Estates*. Vor allem Muskat geht in die ganze Welt, aber auch Nelken, Zimt, Lorbeer, Kakao, Vanille und Safran werden exportiert. Einige Plantagen können in Rahmen von Führungen besichtigt werden, so zum Beispiel *Dougaldston Spice Estate*. Hier lernt man nicht nur vieles über Anbau, Ernte und Verarbeitung, sondern hat ein ganz besonderes Sinneserlebnis für Nase und Augen. *Gouyave, St. John's | ca. 20 km nördlich von St. George's*

GRAND ETANG

Im Zentralmassiv der Insel liegt der Kratersee Grand Etang auf ca. 530 m Höhe mitten im Regenwald. Der See ist heute Mittelpunkt des Nationalparks. Im Ausstellungszentrum oberhalb des Sees kann man sich über die Flora und Fauna informieren, bevor man den See umwandert. *Von St. George's aus auf der Hauptstraße Richtung Grenville, etwa auf der Mitte der Strecke, der See ist ausgeschildert | Besucherzentrum So–Fr 8–16 Uhr | Eintritt US$ 2*

NUTMEG PROCESSING STATION

Hier kann man alles über die Muskatnuss, das Exportgut Nr. 1 der Insel, und ihre Blüte Mace erfahren. Auf geführten Touren geht es zu den einzelnen Stationen der Verarbeitung. In drei Stockwerken werden die Nüsse getrennt, getrocknet, bearbeitet und verpackt, bis sie schließlich weltweit verschifft werden. *Mo–Fr 10–13 und 14–16 Uhr | Eintritt US$ 1 | Central Depradine Street, Gouyave/St. John*

RIVER ANTOINE RUM DISTILLERY

Seit 1785 hat sich an der Herstellungsmethode (Bioqualität!) des hochprozentigen Grenada-Rums so gut wie nichts geändert. Noch heute treibt der Fluss Antoine das Wasserrad für die Zuckerrohrpresse an. Als Kostprobe zum Schluss sollte man lieber den verdünnten Rumpunsch versuchen – das 75-prozentige Original ist nur etwas für ganz Hartgesottene und so leicht entzündlich, dass es vermutlich an Bord eines Kreuzfahrtschiffes nicht besonders gut aufgehoben wäre. *Tgl. 9–16 Uhr | Eintritt US$ 2 | River Antoine Estate | St. Patrick's | ca. 31 km nordöstlich von St. George's*

ANLEGESTELLE

▶ GRENADA

In St. George's legen Kreuzfahrtschiffe am Melville Street Cruise Terminal an. Sollten viele Schiffe den Hafen frequentieren, kann es vorkommen, dass ankernde Schiffe ihre Passagiere an Land tendern. In ca. 500 m Entfernung vom Kreuzfahrtterminal befindet sich das Busterminal. Von hier aus fahren Busse zu unterschiedlichen Zielen auf Grenada. Des Weiteren stehen Taxis und Mietwagen zur Verfügung: Achtung: Wer einen Mietwagen nutzen will, benötigt eine örtliche Fahrerlaubnis!

BARBADOS

(🗺 11/D2) **Mit einem Anflug von Stolz in der Stimme nennen die Bewohner ihre Insel „Little England". Und in der Tat, man spürt, dass hier das Vereinigte Königreich jahrhundertelang das Zepter führte und es noch heute tut. Barbados ist eine konstitutionelle Monarchie mit der englischen Königin an der Spitze.**

Barbados gehört zu den wenigen Karibikinseln, deren Wirtschaft intakt ist. Zucker und andere Zuckerrohrprodukte haben nach wie vor einen wichtigen Anteil am Export – der Mount Gay Rum aus Barbados ist einer der besten der Welt. Barbados ist nicht vulkanischen Ursprungs, sondern nur eine angehobene flache Platte aus Korallenkalk. Im Südwesten liegt die Hauptstadt Bridgetown, deren Vororte in die weitläufigen Zuckerrohrfelder übergehen.

BRIDGETOWN

Bridgetown (ohne Vororte ca. 7000 Ew.) schließt den alten Hafen ein, der eine verbreiterte Mündung des Constitution River ist.

Einen Stadtbummel beginnen Sie am besten in der Hafengegend. Das alte Hafenbecken trägt den Namen The Careenage. Er ist eine Erinnerung an die Zeiten, als hier die hölzernen Segelschiffe an Land gezogen wurden, um Ausbesserungsarbeiten am Rumpf durchzuführen. Auf Englisch heißt diese Tätigkeit „to careen". Am Südufer der Careenage erstreckt sich die Waterfront Arcade mit einigen Geschäften und Restaurants. Nördlich der Chamberlainbrücke, die über den Fluss führt, liegen der Trafalgar Square und die Parlamentsgebäude. Im Süden, hinter der O'Neil-Brücke, findet samstags der Fairchild Market statt, ein karibischer Wochenmarkt, wie er bunter, lauter und turbulenter nicht sein könnte. Nach Westen erstreckt sich am Hafen entlang The Wharf, parallel dazu verläuft im Norden die Broad Street, die Haupteinkaufsstraße von Bridgetown.

SEHENSWERTES

BARBADOS MUSEUM & HISTORICAL SOCIETY

Untergebracht im ehemaligen Militärgefängnis von Barbados, wird hier weit mehr als nur die Geschichte der Insel dokumentiert. Insgesamt zehn Ausstellungsbereiche beschäftigen sich u.a. mit der Ökologie der Insel wie den Korallenriffen und Mangrovenwäldern und der Militärgeschichte der Insel. *Mo–Sa 9–17, So 14–18 Uhr (Feiertage geschl.) | St. Ann's Garrison, St. Michael | www.barbmuse.org.bb*

CRICKET MUSEUM

Spätestens hier wird der britische Einfluss mehr als deutlich, gibt es doch kaum einen anderen Sport, der britischer ist als Cricket. Und den haben die Briten in ihre Überseegebiete importiert, wo er zu beachtlichem Erfolg kam. Das Cricket Museum, passenderweise in der Nähe des Cricketstadions *Kensington Oval* gelegen, zeigt Memorabilia und Porträts bekannter Cricketspieler von Barbados, außerdem gibt es einen Museumsshop und ein Restaurant. *Mo–Fr 9.30–17, Sa 9.30–15 Uhr | Fontabelle | www.cricketlegendsbarbados.com*

MOUNT GAY RUM VISITORS CENTRE

Auf einer 45-minütigen Tour im Visitors Centre wird die Geschichte des ältesten Rums der Welt erzählt, wenn auch die eigentliche Herstellung im Norden der Insel erfolgte. Ein kleiner Film führt in die Prozedur der Rumbrennerei ein.

HOCHPROZENTIGER ABFALL

Mit Bedacht genossen, gehört Rum – ob pur oder im Cocktail – zu den kulinarischen Höhepunkten eines Karibikaufenthalts. Das aus Melasse (ein Abfallprodukt, das beim Pressen des Zuckerrohrs anfällt) hergestellte Getränk ist das letzte Zeugnis der ehemaligen Herrschaft des Zuckers auf den Inseln. Noch heute hat fast jede der Kleinen Antillen ihre eigene Marke, oft sogar mehrere, sodass man sich schwertut, seinen persönlichen Favoriten zu küren.

Zum Schluss kann man das Lagerhaus mit unzähligen Rumfässern besichtigen, ein paar Proben genießen oder eine Flasche des guten Tropfens als Souvenir erwerben. *Mo–Fr 9–16 Uhr | Eintritt US$ 10 | Spring Garden Highway | Brandons/ St. Michael | Tel. 246 4 25 87 57 | www.mountgayrum.com*

TYROL COT HERITAGE VILLAGE

Rund um das Herrenhaus von 1854 liegen die bunt gestrichenen hölzernen *chattel houses*, wo einst die Arbeiter wohnten. Heute wird hier einheimisches Kunsthandwerk von Töpferwaren bis hin zu Lederarbeiten verkauft. *Mo–Fr 8–16 Uhr | Eintritt 10 BD$ | Codrington Hill, St. Michael*

ZIELE IN DER UMGEBUNG

ANDROMEDA GARDENS ★

Die kleine Parkanlage beherbergt eine üppige Fülle von tropischen, subtropischen und mediterranen Pflanzen. In diesem riesigen Garten erhält man auf zwei unterschiedlichen Rundwegen eine gute Übersicht über die exotische Pflanzenwelt der Karibik und aus vielen anderen Ländern dieser Erde. Große Bäume spenden den ersehnten Schatten und die Lehrpfade sind gut beschriftet. *Oberhalb von Tent Bay | St. Joseph | ca. 20 km nordöstlich von Bridgetown*

GUNHILL SIGNAL STATION

Ein Panoramablick über die Hügel der Insel bis hin nach Bridgetown macht diesen ursprünglich für militärische Zwecke erbauten Aussichtsturm aus dem 18. Jh. zu einer beeindruckenden Sehenswürdigkeit. *Mo–Sa 9–17 Uhr | Eintritt BDS $ 10 | Gun Hill | ca. 11 km nordöstlich von Bridgetown*

WELCHMAN HALL GULLY ★

Das Tal, ein Naturschutzgebiet mit einem Schatz karibischer Flora, zieht sich im Norden der Insel 2 km durch Kalksteinfelsen. Wenn es im Gebüsch raschelt, sind es höchstwahrscheinlich die hier heimischen Meerkatzen. *Tgl. 9–17 Uhr | Eintritt BDS $ 24 | vom Highway 2 aus zu erreichen | St. Thomas | ca. 15 km nordöstlich von Bridgetown | www.welchmanhallgullybarbados.com*

ANLEGESTELLE

▶ BARBADOS

Das moderne Kreuzfahrtterminal befindet sich ca. 2 km vom Zentrum Bridgetowns entfernt. Am Terminal stehen Taxis, Minivans und Busse zur Verfügung. Handeln Sie mit dem Taxifahrer vor Fahrtantritt den Preis aus.

KLEINE ANTILLEN – TRINIDAD UND TOBAGO

Trinidad ist die größere der beiden Inseln und überhaupt die größte in der Karibik, sie erstreckt sich auf immerhin gut 4800 km². Geradezu winzig mutet dagegen das nördlich gelegene Tobago an, das es gerade einmal auf gut 300 km² bringt.

Mit traumhaften Stränden können beide von Kolumbus entdeckte Inseln aufwarten – was in der Karibik nicht wirklich verwundert. Außerdem aber verfügen sie über eine reiche Tier- und Pflanzenwelt, die nicht ohne Grund besonders geschützt wird, u. a. mit dem *Main Ridge Forest Reserve* auf Tobago. Mehr als 450 Vogel- und über 600 Schmetterlingsarten tummeln sich in Regenwäldern und Savannen, im Norden Trinidads lebt versteckt in Wäldern der endemische, also nur hier vorkommende Trinidad-guan, ein zu den Hokkohühnern gehörender Vogel. Auch die seltene Lederschildkröte, die größte überhaupt existierende Schildkröte, ist auf Trinidad und Tobago anzutreffen. Ein besonderes Schauspiel ist es, wenn die sanften Riesen, die über 700 kg auf die Waage bringen und einen Panzer von mehr als 2 m Länge ausbilden können, zwischen März und August zur Eiablage auf die Inseln kommen.

Neben Stränden bestimmen auch Bergketten das Landschaftsbild – auf Tobago eine, auf Trinidad immerhin drei, deren nördlichste, die Northern Range, mit dem gut 940 m hohen Cerro del Aripo auch den höchsten Gipfel des Inselstaates aufweist.

Bild: Farbenprächtig und lebensfroh ist der Karneval auf Trinidad und Tobago

Ein Land, zwei Inseln: Unmittelbar vor Venezuela liegen Trinidad und Tobago, die südlichsten Ausläufer der Kleinen Antillen

PORT OF SPAIN

(🕮 11/B4) **Im Westen der Gebirgskette liegt an deren Ausläufern am Golf von Paria die Hauptstadt von Trinidad und Tobago, Port of Spain, die mit ca. 50 000 Einwohnern zu den drei größten Städten des Inselstaats gehört.**

Sie ist der wirtschaftliche Mittelpunkt von Trinidad und Tobago mit einem bedeutenden Hafen, in dem nicht nur Kreuzfahrtschiffe anlegen, sondern von dem aus auch Kakao und Asphalt in die Welt exportiert wird.

Zwar war die Gegend des heutigen Port of Spain schon im 16. Jh. besiedelt, Bedeutung gewann die Stadt allerdings erst ab der Mitte des 18. Jh.s, als sie zum Regierungssitz wurde. Heute ist Port of Spain eine bunte Mischung aus Alt und Neu, hier finden Sie Gebäude im Kolonialstil aus der Zeit unter britischer Herrschaft ebenso wie Modernes.

IM RAUSCH DER FARBEN

Dass die Brasilianer mit Inbrunst ihren Karneval zelebrieren, ist bekannt. Aber auch die Bewohner von Trinidad und Tobago verfallen alljährlich in einen kollektiven Rausch, wenn der farbenprächtige Karneval mit aufwendigen Kostümen und Paraden ansteht. Das Fest folgt einem festen Rhythmus: Am Karnevalsmontag geht es um 4 Uhr morgens los (*J'Ouvert* genannt), dann folgen zwei Tage ekstatischen Feierns, bei dem Tausende Menschen in bunten Kostümen durch die Straßen ziehen. Und dann gibt es da noch die Wettbewerbe: Beim *Panorama* am Karnevalssamstag treten Steel Bands in den musikalischen Wettstreit, bei dem *Kings and Queens Costume Competition* werden im Queen's Park Savannah die besten Kostüme des jeweiligen Jahres gewählt.

Auf ca. 10 ha erstreckt sich die *Queen's Park Savannah*, einst eine französische Plantage, heute eine gewaltige Grünfläche, auf der nicht nur Pferderennen stattfinden, sondern auch Open-Air-Konzerte und natürlich die Karnevalsumzüge.

SEHENSWERTES

BOTANICAL GARDENS

Der im frühen 19. Jh. angelegte Botanische Garten ist einer der ältesten in der Karibik und erstreckt sich auf einer Fläche von 38 ha. Um die 700 Bäume werfen ihre Schatten im tropischen Klima, zwischen denen sorgsam angelegte Wege zum Flanieren einladen. *Tgl. 6–18 Uhr | Circular Road*

Die bunte Zierelfe gehört zu den Kolibris

EMPEROR VALLEY ZOO

In direkter Nachbarschaft zur Queen's Park Savannah liegt der einzige Zoo des Inselstaates. Hier erleben Sie nicht nur einheimische Tiere, sondern auch Giraffen und Tiger. *Tgl. 9–18 Uhr | Eintritt 30 TT-$ | Zoo Road*

MAGNIFICENT SEVEN

Im Osten grenzen an die Queen's Park Savannah diese sieben beeindruckenden Gebäude, die zu Beginn des 20. Jh.s errichtet wurden. Alle zeugen vom Wohlstand ihrer Erbauer, u. a. zwei Kakaoplantagenbesitzer, der Erzbischof von Port of Spain und ein Arzt. Lassen Sie die z. T. aufwendig ausgearbeiteten Gebäudedetails wie Türmchen, fein ziselierte Balkone und historisierende Elemente von *Stollmeyer's Castle, Whitehall, Archbishop's Palace, Rommer, Mille Fleurs, Hayes Court* und des *Queen's Royal College* auf sich wirken. *Maraval Road*

NATIONAL MUSEUM AND ART GALLERY

Das Museum, das anlässlich des diamantenen Krönungsjubiläums der englischen Königin Victoria gegründet wurde und deshalb auch als Royal Victoria Institute bekannt ist, zeigt nicht nur Exponate zum größten Feierereignis der Inseln, zum Karneval, sondern auch Fundstücke aus der Epoche der ersten Inselbewohner sowie eine Sammlung nationaler und internationaler Kunstwerke. Ein Ableger des Museums befindet sich in Fort San Andres *(Di–Fr 9–17 Uhr)*, einer ehemaligen Festung, von der aus sich ein schöner Blick auf die grün bewaldeten Hügel bietet. *Di–Sa 10–18, So 14–18 Uhr | Eintritt frei | 117 Frederick Street*

ZIELE IN DER UMGEBUNG

CARONI BIRD SANCTUARY

Auf 6000 ha erstreckt sich der *Caroni Swamp* südlich von Port of Spain. In dem von Wasserläufen durchzogenen Mangrovenwald leben zahlreiche Vogelarten, darunter auch der Scharlachsichler oder Roter Ibis, ein leuchtend orangeroter Vogel mit langem Schnabel, der neben dem Chachalaca von Tobago Nationalvogel von Trinidad und Tobago ist. Ein besonderes Schauspiel ist es, wenn große Scharen der Vögel am Abend über das Wasser gleiten. Vom Besucherzentrum aus können Bootstouren in die Sümpfe unternommen werden, ein Anbieter ist *Nanan Bird Tours*, der täglich um 16 Uhr zweieinhalbstündige Ausflüge anbietet *(www.nananecotours.com)*.

FORT GEORGE

Westlich von Port of Spain liegt das alte Fort, das die Briten zu Beginn des 19. Jh.s zur Verteidigung errichteten. In den 1880er-Jahren wurde das weiße Signalhaus gebaut, von dem aus mit Flaggensignalen Schiffsbewegungen kommuniziert wurden. Heute befindet sich in dem Haus ein kleines Museum zur Geschichte des Forts. Zu sehen sind noch einige Kanonen, der Weg zum Fort lohnt sich aber allein schon wegen der fantastischen Aussicht auf die unterhalb liegende Hauptstadt und das Meer.

LA BREA PITCH LAKE

Sie kennen Asphalt bislang nur als Straßenbelag und assoziieren kein Naturschauspiel damit? Auf Trinidad können Sie ihn auch als See erleben – besuchen Sie den La Brea Pitch Lake ca. 86 km südlich von Port of Spain, das weltgrößte Asphaltvorkommen. Ende des 19. Jh.s wurde der Abbau von Asphalt zu einem bedeutenden Wirtschaftsfaktor Trinidads, heute zieht der See, in dem man sogar baden kann, zahlreiche Besucher an.

MARACAS BAY

Strandfans sollten sie nicht verpassen – die Maracas Bay besitzt mit dem Las Cuevas, dem Maracas und dem Tyrico Beach gleich drei traumhafte Strände mit entsprechender Infrastruktur. *Circa 23 km nordöstlich von Port of Spain*

ANLEGESTELLE

▶ TRINIDAD UND TOBAGO

Kreuzfahrtschiffe machen auf Trinidad am Port of Spain Cruise Ship Complex fest. Das Zentrum ist von hier aus in ca. 15 Minuten zu Fuß erreichbar. Im Hafen stehen Taxis zur Verfügung (verhandeln Sie den Preis vorab und klären Sie, ob in US- oder Trinidad-Dollar bezahlt wird), ebenso Maxitaxis, die auf definierten Routen fahren.

KLEINE ANTILLEN – ABC-INSELN

Kurz vor der venezolanischen Küste liegt eine Inselgruppe, die früher zu den Niederländischen Antillen gehörte, heute zu den Kleinen Antillen gezählt wird und unter dem Namen ABC-Inseln bekannt ist: Aruba, Bonaire und Curaçao.

Farbenfroh und voll guter Laune sind sie alle, doch bieten sie dem Besucher völlig unterschiedliche Erlebnisse. Aruba, die kleinste der Schwestern, hat die schönsten Strände. Bonaires Unterwasserwelt ist ein Naturparadies mit intakten Korallenriffs und voller exotisch bunter Fische. Die größte der Inseln, Curaçao, bietet kosmopolitisches Flair und viel Kultur. In den bunten Häusern der Hauptstadt Willemstad spiegelt sich noch das Erbe der Kolonialzeit. Und dass diese von der UNESCO zum Weltkulturerbe erklärt wurde, ist in dieser Ecke der Welt etwas sehr Ungewöhnliches. Dass alle drei Inseln vergleichsweise trocken sind, spiegelt sich nicht nur in der wüstenartigen Szenerie der Landschaft, es hat auch den Vorteil, dass man nicht ständig in tropische Regengüsse gerät.

ARUBA

(12/A-B2) **Luft- und Wassertemperatur sind mit 27 bzw. 26 °C fast gleich auf der kleinen Karibikinsel Aruba. Perfektes Badewetter also für diejenigen, die es bei ihrem Kreuzfahrtaufenthalt nach einem tollen Badeerlebnis gelüstet – das Ganze gekrönt von 12 Kilometern traumhaft schöner Puderzuckerstrände.**

Bild: In Oranjestad verschmilzt der Kolonialstil mit der Farbenfreude der Karibik

Die Namen pragmatisch abgekürzt, in natura ein Traum voller Farben und Eindrücke – das sind diese drei Inseln

Besonders der Eagle Beach an der Nordwestküste hat es Besuchern angetan, hier wiegen sich Palmen im Wind und palmblattgedeckte Sonnenschirme spenden Schatten. Neben den Stränden und der herrlichen Unterwasserwelt gibt es auch eine interessante Landschaft mit riesigen Kakteen, Aloe-vera-Pflanzen und windgebeugten Divi-Divi-Bäumen zu erkunden. Ein Fünftel der Inselfläche nimmt der Arikok-Nationalpark ein, in dem Sie unter anderem unterirdische Indianerhöhlen finden mit Felsmalereien, die über 1000 Jahre alt sind. Die Geschichte der Insel ist multikulturell geprägt und neben den Einflüssen der holländischen Kolonialzeit finden sich noch viele andere. Rund 90 Nationalitäten leben heute in dem 120 000 Einwohner starken Inselstaat.

ORANJESTAD

Mit ihrem Namen Oranjestad mutet Arubas kleine Hauptstadt durch und durch niederländisch an, doch trifft man

hier auf eine unvergleichliche Mischung aus holländisch-karibischem Flair.
Eine offene Straßenbahn verbindet seit 2013 den Hafen mit der Fußgängerzone, wo man die in sanften Pastelltönen gestrichenen Zuckerbäckerbauten aus der Kolonialzeit bestaunen kann. Besucher finden hier eine Reihe von internationalen Boutiquen, Kunstgalerien und Juweliergeschäften neben einer riesigen Zahl an Restaurants und Straßencafés. Zwischen der Lagune der Stadt und der Pferdebucht verläuft ein großzügiger Park immer am Wasser entlang.

Blaues Meer, so weit das Auge reicht: Aussicht am California Lighthouse

SEHENSWERTES

ARCHÄOLOGISCHES MUSEUM

In einem historischen Gebäudekomplex im Stadtzentrum wurde 2009 auf über 1700 m² das Museum eingerichtet. Die wertvollen Artefakte aus über 5000 Jahren werden überaus modern und mit neuester Technik – auch interaktiv – präsentiert. So können Sie eintauchen in Arubas indianisches Erbe, das präsentiert wird durch Handwerksgeräte, Keramiken, spirituelle Gegenstände und sonstige Überreste der amerindia-nischen Kultur. Es werden regelmäßig Führungen angeboten und das Museum hält einen Führer in englischer Sprache bereit. Die Cafeteria des Museums stärkt wissbegierige Besucher. *Schelpstraat 42*

INSIDER TIPP ARUBA ALOE FACTORY MUSEUM AND STORE

Eine der faszinierendsten Heilpflanzen ist die Aloe vera, die auf Aruba angebaut wird. Obwohl sie relativ unscheinbar aussieht, hat sie doch wunderbare Eigenschaften, die dem Menschen helfen, Wunden zu heilen oder der Haut viel Feuchtigkeit zuzuführen. Dies ist insbesondere nach einem ausgiebigen Genuss der karibischen Sonne von Vorteil. Hier helfen die kosmetischen Produkte, die auf der Insel zum Beispiel in der *Aloe-Fabrik* in Hato, etwas außerhalb von Oranjestad, seit 1890 hergestellt werden. Das angeschlossene Museum der Fabrik informiert bei einer Führung, die alle 15 Minuten startet. *Pitastraat 115*

FORT ZOUTMAN ★

Fort Zoutman ist eines der ältesten Gebäude von Oranjestad, um das herum sich die Stadt Ende des 18. Jh.s entwickelte. Daneben wurde 1866 der markante Willem III. Tower errichtet, der als Leucht- und öffentlicher Uhrenturm gedacht war. Nach ihrer Restaurierung wurde hier das historische Museum Arubas eingerichtet, in dessen Ausstellung Sie neben wechselnden Themen die Entwicklung der Stadt nachverfolgen können. Ein Besuch lohnt sich besonders dienstags, dann wird im Innenhof ab 18.30 Uhr ein

Markt abgehalten mit Kunsthandwerk, kulinarischen Spezialitäten und historischen Tänzen in traditionellen Kostümen. *Zoutmanstraat 6*

ZIELE IN DER UMGEBUNG

ALTO-VISTA-KAPELLE *(🕮 X/XX)*

Der Anblick der kleinen, völlig allein stehenden Kirche auf den Hügeln Arubas, ca. 11 km nördlich von Oranjestad, ist einen Ausflug wert. Das schmucke Gebäude stammt von 1952, doch es gab schon eine Vorgängerkirche aus dem Jahr 1750, die im Lauf der Zeit verfiel. Heute ist die Kapelle wieder ein Pilgerort – für Christen und auch Touristen. Einmal pro Woche wird dort die heilige Messe gehalten, die Kirche ist aber täglich geöffnet. „Alto Vista" heißt übrigens „hohe Aussicht" und so hat man von dort auch einen guten Blick über die gesamte Insel.

CALIFORNIA LIGHTHOUSE

Circa 17 km von Oranjestad entfernt findet man an der Küste den 55 m hohen California-Leuchtturm. Er liegt an der nördlichsten Spitze der Insel am Arashi Beach. Seinen Namen bekam er nach dem 1891 dort auf Grund gelaufenen amerikanischen Dampfer „California", ein beliebtes Ziel von Wracktauchern. Der Turm wurde 1916 fertiggestellt, um von da an die Schiffe vor den gefährlichen Untiefen der Insel zu warnen. Seine schlanke, helle Gestalt ist ein schönes Fotomotiv vor blauem Himmel. Besichtigt werden kann er nicht, aber im ehemaligen Bungalow des Leuchtturmwärters ist heute ein italienisches Restaurant untergebracht, wo man gemütlich den Sonnenuntergang genießen kann.

ANLEGESTELLE

▶ ARUBA

Im Hafen von Oranjestad mit fünf modern ausgestatteten Terminals können mehrere Kreuzfahrtschiffe gleichzeitig ankern. Das Zentrum ist fußläufig zu erreichen; für Exkursionen in die Umgebung stehen am Hafen Taxis, Mietwagen und verschiedene Ausflugsanbieter zur Verfügung.

BONAIRE

(🕮 12/D2) **Die zweitgrößte der ABC-Inseln ist Bonaire. Ihre Unterwasserwelt, die als großartiges Tauchrevier gilt, bietet nochvollkommen intakte Korallenriffs, in denen sich farbenfrohe Schwärme tropischer Fische tummeln.** Damit das so bleibt, ist dort ein großer Teil des Meeres als Marine Park geschützt und es darf am Riff weder gefischt werden noch ist es erlaubt, dass große Boote hier ankern. Im Süden der Insel befindet sich eine absolute Besonderheit: An den Salzlagunen des Pekelmeers siedeln scharenweise Flamingos, die hier in den seichten Gewässern ihre Nahrung suchen. Das grelle Weiß der Salzberge ergibt zusammen mit dem Pink der Vögel und den rosa schimmernden Teichen ein brillantes Farbenspiel.

WEISSES GOLD

Im Süden von Bonaire liegt das, was die Niederländer einst angelockt hatte, natürliche Salzseen, die zu wirtschaftlich ertragreichen Salinen ausgebaut wurden. Das hochwertige Salz aus dem Meer entsteht hier durch einfaches Verdunsten in den großen sogenannten Salz- oder Salinengärten, die heute noch betrieben werden. Für die Menschen ist das ein wirtschaftlicher Faktor und vielen Flamingos bietet das einen ausgezeichneten Lebensraum. Was man neben den in diversen Farben erstrahlenden Gärten und charakteristischen weiß leuchtenden, kilometerlangen Salzbergen noch sieht, sind die kleinen steinernen Hütten der Kolonialzeit, in denen einst die Sklaven lebten, die die Seen säuberten und das Salz gewannen. Sie stehen heute unter Denkmalschutz.

KRALENDIJK

Die farbenfrohe Hauptstadt von Bonaire bezaubert durch ihren relaxten karibischen Charme, der durchmischt ist mit Relikten der holländischen Kolonialzeit. Da die Stadt mit ihren 12 000 Einwohnern recht überschaubar ist, durchstreift man sie am besten zu Fuß. Die schmucken Häuser mit den unterschiedlichen Farben und kleinen Gärten stammen aus dem 18. und 19. Jh., als die Holländer hier noch Kolonialherren waren. Traditionell befand sich im Untergeschoss damals ein Geschäft, im Stockwerk darüber wohnte man. Heute finden Sie hier viele Souvenirläden, Boutiquen, Shops und nette Cafés. Im Hafen liegen zahlreiche Boote vor Anker und in der Nähe des Piers finden Sie eine offene Halle, in der seit 1935 der Fischmarkt stattfindet.

SEHENSWERTES

FORT ORANJE ★

Das orange leuchtende Fort befindet sich an der Küstenstraße und wurde ab 1639 von der Niederländischen Westindien-Kompanie zum Schutz von Bonaires Hafen errichtet. Es ist das älteste Gebäude der Stadt. Drumherum entstand ab dem 19. Jh. die Siedlung Kralendijk (Korallendeich). 1932 kam dann ein Leuchtturm hinzu, der noch immer in der Mitte der Feste thront. Er ist umgeben von einigen britischen Kanonen, da die Engländer später die Insel eroberten. Heute werden hier Objekte aus der Geschichte Bonaires ausgestellt. Es gibt keine offizielle Tour, aber man kann die Schautafeln lesen. *Kaya C.E.B. Hellmund*

Die Unterwasserwelt rund um die ABC-Inseln ist einzigartig farbenfroh

TERRAMAR MUSEUM

Das historische und archäologische Museum von Kralendijk liegt im Zentrum der Stadt. Ein Besuch führt Sie bis zu 7000 Jahre zurück in die Vergangenheit der karibischen Inseln. Beleuchtet werden die frühe amerindische Besiedlung, die Zeiten der Ausbeutung und die koloniale Ära. Die moderne Ausstellung verwendet dazu wertvolle Artefakte, 3-D-Rekonstruktionen und auch interaktive Exponate sowie Videoprojektionen. In regelmäßigen Abständen gibt es auch interessante Sonderausstellungen. Es werden einstündige Führungen angeboten, auch in englischer Sprache. *Kaya J.N.E. Craane 6*

ZEITKAPSEL

Flaniert man über die *Kaya Grandi*, Kralendijks hübscheste Einkaufsstraße, trifft man auf ein blau-weißes, sarkophagähnliches Gebilde aus Stein. Die sogenannte Zeitkapsel wurde 2002 vom hiesigen Lions Club errichtet und bestückt. Die Kapsel enthält einen Behälter mit Gegenständen aus dem aktuellen Leben dieser Zeit, wie zum Beispiel CD, PC, Mobiltelefon oder Taschenrechner. Außerdem wurde ein Situationsbericht aus diesem Jahr verfasst und es liegen Briefe von Personen bei, die sich an die Zukunft richten wollten, denn die Kapsel soll erst wieder nach 40 Jahren, am 2. Februar 2042, geöffnet werden.

ANLEGESTELLE

▶ BONAIRE

Kreuzfahrtschiffe machen in Kralendijk unmittelbar im Zentrum fest. Im Hafen stehen Taxis und Autovermietungen zur Verfügung.

SPEZIALITÄTEN

Die Karibik ist ein Schmelztiegel der Nationen und so verwundert es nicht, dass auch in der Küche verschiedenste Einflüsse zum Tragen kommen und es ein leckeres Patchwork für den Gaumen gibt. Dabei hat aber jede der drei Inseln auch ihre eigenen einheimischen Gerichte, die voller Überraschungen sind. Dazu zählen z. B. die *Sopi de Bananas*, Kochbananen in Brühe, die *Bitterbai* genannten frittierten Fischbällchen, Erbsensuppe mit Fleisch- und Wursteinlage *(Erwten Soep)*, die *Sanger Yena*, dunkle Arubaner Würstchen aus Innereien, und, für Besucher vermutlich sehr exotisch, bei Einheimischen aber sehr beliebt, die *Iguana-Soup* (Leguan-Suppe).

CURAÇAO

(🕮 12/C2) **Der Buchstabe C in dem Namen ABC-Inseln steht für Curaçao, das zwischen Aruba und Bonaire liegt. Die größte der drei Inseln ist ein farbenfrohes Erlebnis, das einfach Freude macht.** Bonbonfarbene Häuser mischen sich mit türkisfarbenem Meer, weißen Stränden, wilden Orchideen sowie knallbunten Vögeln und gemusterten Fischen. Farbe finden Sie auch in den Gläsern, denn der berühmte Curaçao-Likör wird hier auf Grundlage von Bitterorangen hergestellt und in alle Welt vertrieben. Im Original ist er übrigens bernsteinfarben, auch wenn er in Kristallblau am bekanntesten ist. Inzwischen schimmert er auch in Rot oder Grün und ist hier, an seinem Entstehungsort, eine Kostprobe wert.

WILLEMSTAD

Die Hauptstadt der Insel Curaçao mutet wie aus einem holländischen Bilderbuch an. Hier reiht sich ein buntes Haus an das nächste und alle sind im Kolonialstil gehalten.

Fast möchte man meinen, man wäre in Amsterdam mit seinen Kanälen und Straßencafés– wären da nicht diese Bonbonfarben und das unglaublich schöne Wetter. Diese Mischung aus alter europäischer Kultur und Karibik ist eine absolut faszinierende Mischung, die der Stadt den UNESCO-Weltkulturerbe-Status eingebracht hat. Das historische Zentrum ist das Werk jüdischer Siedler, die mit der Westindien-Kompanie über Amsterdam hierher kamen und sich sesshaft machten. Über das herrliche Flair hinaus ist Willemstad aber auch einer der besten Einkaufsspots der Karibik.

SEHENSWERTES

FORT AMSTERDAM

In Punda, dem touristisch attraktivsten Viertel der Stadt, errichteten die Holländer ab 1634 zum Schutz des Hafens das Fort Amsterdam. Noch heute bewacht die mächtige Festung, die cremefarben im Sonnenlicht leuchtet und von der UNESCO ausgezeichnet ist, von einer Landzunge aus die Hafeneinfahrt. Es ist zwar nicht das einzige Fort auf der Insel, doch da eine Kirche mit Museum zu besichtigen ist, ist es das meistbesuchte. Die Feste ist auch der Wohnort des holländischen Gouverneurs. Falls er da ist, erkennen Sie das an der gehissten Flagge. Das Fort selbst kann nicht besucht werden, da es Regierungssitz ist, aber die protestantische Kirche mit ihrem Museum ist ein kleines Juwel, das einen Besuch lohnt. Etwas Besonderes ist dort eine Zisterne mit glasklarem Wasser.

FORT RIF

Genau gegenüber von Fort Amsterdam liegt im zauberhaften Stadtteil Otrabanda das Fort Rif. Es entstand ab 1828 zum Schutz dieses Viertels und zur Verstärkung eines dritten Forts, des Water Fort. Allerdings hatte es nach seiner Fertigstellung auch schon keine Funktion mehr und wurde Anfang des 20. Jh.s in großen Teilen abgerissen. Heute haben die perfekt renovierten Reste eine neue Funktion bekommen. Eingezogen ist eine Shopping Mall, die neben den Läden zahlreicher internationaler Labels auch ein Kasino und einige Restaurants und Bars mit Livemusik integriert. *Baden Powelweg 1, Otrabanda*

HATO-GROTTEN

Die Hato-Grotten entstanden vor zig Millionen Jahren unter Wasser, schon bevor sich Curaçao aus dem Wasser erhob. Das Höhlensystem ist 4900 m^2 groß und birgt eine große Zahl beeindruckender Kalksteinformationen und an den Wänden findet man urzeitliche Zeichnungen. Die Höhlen haben für die Ureinwohner der Insel eine kultische Bedeutung, wurden aber auch in der Kolonialzeit von geflohenen Sklaven als Versteck genutzt. Besucher können nur einen Teil der Höhlen zu Fuß besichtigen, aber selbst auf dieser Strecke sind Formen und Gestalten der Tropfsteine beeindruckend. Dazu finden sich glitzernde Wasserbecken, kleinere Wasserfälle und auch eine Kolonie langnasiger Hunde lebt dort. Am Eingang der Höhle befindet sich eine kleine Bar.

Die Niederlande auf Karibisch in Willemstad

ANLEGESTELLE

▶ CURAÇAO

Willemstad besitzt mehrere Kreuzfahrtanleger, an denen teilweise auch die größten Schiffe festmachen können. Das Zentrum befindet sich in fußläufiger Entfernung von den Anlegern. Taxis und Mietwagen stehen für Ausflüge auf der Insel zur Verfügung.

PRAKTISCHE HINWEISE

FOTOGRAFIEREN

Bevor Sie einen Einheimischen oder sein Haus fotografieren, sollten Sie ihn fragen, ob es ihn stört. Zwar reagieren die Bewohner der meisten Inseln im Allgemeinen auf dieses Ansinnen nicht so aggressiv wie z. B. auf Jamaika, trotzdem wird es als unhöflich empfunden, fremde Menschen ungefragt abzulichten.

GELD & WÄHRUNG

Auf den meisten Inseln der Kleinen Antillen wird mit dem East Caribbean Dollar („Ostkaribischer Dollar", Abkürzung EC $) bezahlt, obwohl der US-Dollar (US$) auch gerne genommen wird. Ausnahme sind die Virgin Islands (US$), die französischen Inseln (Euro), die niederländischen Inseln (Antillengulden, NAf) und Barbados (Barbadosdollar, BDS $). Ein bequemes und sicheres Zahlungsmittel sind Reiseschecks. Auch Kreditkarten der großen internationalen Organisationen werden inzwischen akzeptiert. Bei einigen Banken gibt es Geldautomaten, die man mit europäischen Karten nutzen kann.

GESUNDHEIT

Sie brauchen keine Impfungen. Empfehlenswert ist indes eine kombinierte Hepatitis- und eine Tetanusimpfung. Die medizinische Versorgung variiert von Insel zu Insel. Grundsätzlich wird man überall gut versorgt, in schlimmeren Fällen von einer kleinen Insel aus mit dem Hubschrauber auf die nächstgrößere mit Krankenhaus befördert. In der südlichen Karibik tritt das Chikungunya-Fieber auf, ein von Mücken übertragenes Virus, dessen Krankheitsverlauf meistens harmlos ist, das aber von starken Gelenkschmerzen begleitet wird. Schließen Sie auf jeden Fall eine Reisekrankenversicherung ab und nehmen Sie eine gut sortierte Reiseapotheke sowie Sonnencreme mit hohem Lichtschutzfaktor mit.

INTERNET & WLAN

Das Internet ist in der Karibik bei allen verbreitet, die internationale Geschäfte treiben, d. h., Hotels, Charterfirmen, Wassersport- und Tauchunternehmen, Touristenbüros usw. haben meist eigene Websites. Von manchen Hauptpostämtern kann man E-Mails versenden. WLAN-Hotspots gibt es auf den Kleinen Antillen überall.

MASSE

Neben den englischen Maßeinheiten wie miles und pounds werden immer öfter Kilometer und Kilo gebraucht. 1 Meile = 1,609 km.

POST

Luftpost wird meist innerhalb einer Woche befördert, alles andere kann mehrere Wochen dauern. Die Postämter sind vormittags, Hauptpostämter auch nachmittags geöffnet.

SICHERHEIT

Bis auf die US Virgin Islands gehören die Kleinen Antillen zu den sichersten Urlaubszielen überhaupt. Die meisten Einheimischen schließen weder ihre

Haustür noch ihr Auto ab. Trotzdem ist es natürlich ratsam, keine Wertsachen beispielsweise offen am Strand herumliegen zu lassen.

SPRACHE

Vermeiden Sie das saloppe US-amerikanische „Hi!", wenn Sie Einheimische begrüßen. Auf den Inseln ist es üblich (und höflich), etwas förmlicher „Good Morning", „Good Day", „Good Afternoon", „Good Evening" und (nach 19 Uhr) „Good Night" zu sagen.

STRASSENVERKEHR

Bis auf die holländischen und französischen Inseln gilt auf den Straßen Linksverkehr. Auf den Virgin Islands haben die Autos dennoch das Steuerrad auf der linken Seite. Wenn Sie mit einem Mietwagen eine Tagestour machen sollten, beachten Sie die folgenden Hinweise: An schlecht überschaubaren Kurven wird meist gehupt, damit ein entgegenkommendes Fahrzeug gewarnt ist. Fahren Sie vorsichtig und langsam. Heftige Regenfälle und Stürme reißen immer wieder Schlaglöcher auf oder wehen Hindernisse auf die Straße, und überall können Ihnen Tiere über den Weg laufen.

TAXI

Es gibt auf allen Inseln genug Taxis. Den Fahrpreis sollten Sie passend bereithalten. Eine billige Alternative ist das Sammeltaxi. Es heißt im französischen Sprachraum *Public* oder *Tap Tap*, auf den englischsprachigen Inseln *Jitney*, *Cab* oder *Bus*. Bezahlen müssen Sie individuell.

TELEFON & HANDY

Das Telefonieren erfolgt über Satellit, somit ist die Verständigung ausgezeichnet. Eine Minute nach Mitteleuropa kostet ca. US$ 3. Jede Insel verkauft ihre eigenen Telefonkarten, die an öffentlichen Fernsprechern (meist beim Postoffice) benutzt werden können. Die Vorwahlen für Deutschland, Österreich und die Schweiz lauten: 01 149 (D), 01 143 (A), 01 141 (CH). Die Vorwahl für die Antillen ist 001, gefolgt von der jeweiligen Inselvorwahl. Nur wenige deutsche Handyanbieter haben Roaming-Verträge mit den Kleinen Antillen. Erkundigen Sie sich bei Ihrem Anbieter über die anfallenden Kosten.

TRINKGELD

Oft ist auf Gastronomierechnungen ein Bedienungszuschlag *(service charge)* bereits ausgewiesen. Andernfalls sind 10 bis 15 Prozent üblich. Auch bei den oft selbst ernannten Sightseeing-Führern sollte man nicht kleinlich sein.

WAS KOSTET WIE VIEL?

Rum	8 Euro *für eine Flasche Mount Gay Rum*
Imbiss	7–9 Euro *für Sandwich/Burger*
Cocktail	6–10 Euro *im Restaurant/in einer Bar*
Busfahrt	1 Euro *für eine Busfahrkarte*

MEXIKO

Mehr als 12 000 km Küstenlinie – das klingt beachtlich und ist es auch. Einen Teil der faszinierenden Küste Mexikos kann man sich bestens per Kreuzfahrt erschließen und in ein Land eintauchen, das weit mehr als nur weltberühmte Strandorte wie Acapulco und zahllose kleine, verschwiegene Badebuchten bietet.

Beispielsweise auf der Halbinsel Yucatán im Süden Mexikos: Denn hier wird die klassische Mayakultur lebendig. Die Vorfahren der heutigen Maya huldigten einer unsichtbaren Welt, die dennoch präsent war. Ihre Priester machten sie mittels Riten und geistiger Innenschau zur zweiten Wirklichkeit. Die Pazifikküste im Westen des Landes war jahrhundertelang nur von ein paar Fischern bewohnt, sie war das Jagdrevier von Seeräubern, die die mit Gold und Silber beladenen Schiffe der spanischen Kolonialmacht ausplünderten. Heute liegen an der geschwungenen Küste Ferienziele, die viele Besucher anlocken. Bekannte Badeorte wechseln sich ab mit stillen Buchten, Lagunen bieten Lebensraum für zahlreiche Wasservögel.

COZUMEL

(🕮 14/D3) **Der Unterwasserfilmer Jacques-Yves Cousteau begründete den weltweiten Ruf der kleinen Karibikinsel als Taucherparadies.**

Heute kommt über die Hälfte der Besucher hierher, um zu tauchen. Die meisten

Bild: Meeresschildkröten sind nur eine von vielen faszinierenden Arten im Meer um Cozumel

Rund 25 000 archäologische Stätten, stilvolle Kolonialbauten und eine reiche Natur: Das und noch einiges mehr ist Mexiko

zieht es an das Palancar-Riff, aber auch die Unterwasserhöhlen vor der Chankanaab-Lagune sind für ihre tropische Tier- und Pflanzenwelt bekannt. Die lebhafte Insel, 20 km vor der Ostküste Yucatáns und etwa 50 × 15 km groß, sieht während des Winters auch viele Besucher von Kreuzfahrtschiffen, die die kleine Inselhauptstadt San Miguel de Cozumel erkunden. Wenn möglich, sollten Sie es aber nicht allein dabei belassen, denn die Gegend bietet darüber hinaus weitere lohnende Ziele.

SEHENSWERTES

ARRECIVE PALANCAR (PALANCAR-RIFF)

Sie haben bei Ihrem Aufenthalt ein bisschen Zeit und außerdem Freude am Tauchen oder Schnorcheln? Dann sollten Sie dieses Korallenriff nicht verpassen. 5 km lang zieht es sich an der Südwestküste von Cozumel entlang, geprägt von Höhlen und Steilwänden. Die faszinierende Unterwasserwelt ist Heimat von Schwärmen seltener Fische und riesigen Mee-

WILDE WIRBEL

Der präkolumbische karibische Gott Huracán gab den Wirbelstürmen seinen Namen. Jedes Jahr im Herbst ist es so weit, wenn über der Karibik Luftmassen mit unterschiedlicher Temperatur und Feuchtigkeit aufeinandertreffen. Dann brausen die Stürme mit bis zu 200 km/h über das Meer und die Inseln auf die Küsten zu. Zum Glück kann man Hurrikans heute weitgehend vorhersagen, sodass Menschen normalerweise nicht zu Schaden kommen.

resschildkröten. Das Palancar-Riff, ein Dorado für erfahrene Taucher, beginnt ab etwa 8 m Tiefe. Es wird unterteilt in einzelne Abschnitte: Bis weit über 30 m fällt das Maracaibo-Riff ab, das bekannt ist für seine spektakulären Korallenformationen. Per Boot erreichen Sie die besten Tauch- und Schnorchelgründe. *Deep Blue (Calle Salas 200 | Tel. 01987 8 72 56 53 | deepbluecozumel.com)* ist eine verlässliche Adresse für Taucher, Mitglied der National Association of Underwater Instructors (NAUI). Sie können nicht tauchen? Papageienfische, Riffbarsche und bizarre Korallenformationen lassen sich auch auf Schnorcheltrips sehen – ebenfalls ein tolles Erlebnis im glasklaren, um die 30 Grad warmen Wasser.

CHANKANAAB BEACH ADVENTURE PARK

Der Naturpark an Cozumels Westküste verspricht einen erholsamen Tag am Meer mit der dazugehörigen Infrastruktur. Attraktion für Taucher und Schnorchler ist ein Korallenriff, das in 7–30 m Tiefe direkt vor dem Strand liegt und sogar – zur Freude der gläubigen Mexikaner – eine INSIDER TIPP versenkte Figur der Jungfrau von Guadalupe zu bieten hat. Dazu eine Parklandschaft mit botanischem Garten sowie zahlreichen Nachbildungen der bedeutendsten präkolumbischen Stätten, Bauwerke und Skulpturen des Landes. Die Lagune, unterirdisch mit dem Meer verbunden, ist Heimat für zahlreiche Fische und Vögel, und ein kleines Meeresmuseum bietet Einblick in die Unterwasserwelt. Restaurants und Bars verkaufen für wenige Pesos Tacos und *bocadillos*. Allerdings: Das ideale Schnorchelrevier für Anfänger ist immer gut besucht. *Mo–Sa 8–16 Uhr | Costera Sur km 11 | 21 US$ | www.cozumelparks.com*

MUSEO DE LA ISLA DE COZUMEL

Das Museum zeigt Ausgrabungsfunde der präkolumbischen Epoche, die zum Teil von Tauchern aus dem Meer geborgen wurden. Die Ankunft der spanischen Eroberer Hernán Cortés und Juan Grijalva im 16. Jh. markierte einen Wendepunkt auch für Cozumel. Die Insel wurde zum Stützpunkt für Piraten und Freibeuter – einige Exponate des Museums zeigen dies anschaulich. Eine auch für Kinder interessante Ausstellung befasst sich mit Cozumels Korallenriffen und dessen seltenen Meeresbewohnern. *Mo–Sa 9–16 Uhr | Av. Rafael Melgar/6a Calle*

PLAYA Y PARQUE ECOTURÍSTICO PUNTA

Vom Visitors Center geht es mit dem Doppeldeckerbus auf holprigem Weg durch das Naturschutzgebiet (Krokodile, Schildkröten, Vögel) zum Leuchtturm. Ein 2 km langer Strand umgibt den Park, ein Korallenriff lädt zum Schnorcheln ein. Der weiße Leuchtturm (133 Stufen) von 1901 an der Südspitze erlaubt einen Rundumblick über den Südteil Cozumels und das Karibische Meer. Die ehemaligen Wohnräume des Wärters an seinem Fuß wurden in ein kleines INSIDER TIPP Museum zur Seefahrt umgewandelt. *Mo–Sa 9–16 Uhr | Eintritt 14 US$ | Costera Sur km 27 | www.cozumelparks.com*

SAN GERVASIO

Spirituelles Zentrum Cozumel: Vor einem Jahrtausend pilgerten Mayafrauen aus Belize, Guatemala und dem Süden Mexikos auf die Insel, um in San Gervasio der Göttin des Mondes und der Fruchtbarkeit, Ix-Chel genannt, zu huldigen. Hier zeigte sich die Göttin in den Träumen der Glücklichen als alte Frau mit Klauenfüßen und züngelnden Schlangen um den Kopf oder als lächelndes, schönes junges Mädchen und versprach den Träumenden Hilfe bei der Erfüllung ihrer Wünsche. Noch heute wird San Gervasio von Mayas als heiliger Kraftort verehrt. Äußerlich gibt es zwar eher wenig zu sehen – zwischen dichtem Buschwerk und Palmen liegen einige im Zerfall begriffene Torbögen, Tempelruinen und Reste einer alten Zeremonialstraße –, dennoch lohnt es sich, hierher zu kommen: Empfindsame Naturen, so wird gesagt, können, wenn sie still sind und die Augen schließen, eine ganz besondere, kraftvolle Stimmung spüren. *Tgl. 8–16.30 Uhr | 10 km östl. von San Miguel*

ESSEN & TRINKEN

EL ABUELO GERARDO

Authentische mexikanische Küche, auf Cozumel selten, Spezialität: Fischgerichte. Besonders beliebt sind die Plätze im Patio. *San Miguel | 10a Av. 21 (gegenüber der San-Miguel-Kirche) | Tel. 01987 8 72 10 12 | €€*

INSIDER TIPP RESTAURANTE DEL MUSEO

Nicht nur nach dem Museumsbesuch empfehlenswert ist dieses Caférestaurant. Es liegt im ersten Stock und besitzt eine große, dem Meer zugewandte Terrasse mit Blick auf das Geschehen entlang der Hauptstraße. *Mo–Sa durchgehend geöffnet. San Miguel | Av. Rafael Melgar/4a Calle | Tel. 01987 1 20 22 55 | €*

Von den Mayas verehrte Stätte und Kraftort: San Gervasio

MÉRIDA

(🕮 14/A2) **Die wohlhabende Kolonialstadt ist Ka-pitale und wirtschaftliches wie kulturelles Zentrum des Bundesstaats Yucatán.**

Nirgendwo sonst sehen Sie so viele prächtig restaurierte Stadtpaläste – mit dem Handel von Sisal wuchs die Stadt zwischen 1880 und 1920 zu einer der reichsten Metropolen (1,3 Mio. Ew.) der Welt –, so schöne Alleen, Patios und Arkadengänge. Zahlreiche historische Bauwerke beherbergen heute Hotels, Restaurants und Museen.

INSIDER TIPP Am Wochenende ist das Zentrum autofrei, samstags für das Straßenfest *El Corazón de Mérida* mit viel Musik und Tanz, sonntags geht es weiter mit Straßenverkäufern, Musik, Umzügen und Restaurants im Freien. Während auf der einen Seite des Platzes die Trompeten einer *mariachi*-Kapelle und wehmütiger Gesang geradezu tragikomischer Machosänger über Leid und Liebe den Zuhörern fast die Tränen in die Augen treiben, spielen gegenüber einige Mayas leise Töne auf der Marimba, einem xylofonähnlichen Instrument. Dazwischen rennen Kinder, bieten Luftballon- und Eisverkäufer ihre Schätze an, genießen die Menschen *enchiladas* und Zuckerwatte.

SEHENSWERTES

GRAN MUSEO DEL MUNDO MAYA ★

Hier führt kein Weg dran vorbei: Das außerhalb des Stadtzentrums gelegene Museum ist Weltklasse. Schauen Sie genau hin, dann erkennen Sie, dass das hypermoderne Bauwerk Ästen und Blättern eines Ceibabaumes, der Mayas als heilig galt, nachgebildet ist. Nehmen Sie sich ein paar Stunden Zeit: Die tolle, fantasiereiche Gestaltung der Hallen, die ausgestellten Objekte (über 1000 Stück!), Filmchen und Präsentationen nehmen gefangen – auch, weil hier die Mayas von heute im Mittelpunkt stehen. Neben einer Ausstellung zauberhafter Mayatrachten werden im Saal altertümliche Küchengeräte und Spielsachen gezeigt, die die Mayas noch heute selbst herstellen. Andere Säle rücken u. a. kultische Riten in den Fokus. Tolles Detail: Neben spanischen und englischen gibt es auch INSIDER TIPP Beschriftungen in der Sprache der Mayas. *Mi–Mo 8–17 Uhr | Calle 60 Norte 299e | www.granmuseodelmundomaya.com.mx*

MUSEO DE ANTROPOLOGÍA ★

Fundstücke aus prähistorischer Zeit sowie aus unterschiedlichen Epochen der präkolumbischen Mayakultur: Keramik, Stelen, Skulpturen, Grabbeigaben und Schmuck, das Ganze ausgestellt in einem prächtigen Palast aus dem frühen 20. Jh., einst für kurze Zeit Residenz von General Francisco Cantón Rosado, einem der einflussreichsten Bürger der Stadt. Von besonderem Reiz ist das Aufeinandertreffen von eitler, kolonialer Prachtarchitektur und den archaisch wirkenden Formen der ausgestellten Objekte, die gerade durch ihre Schlichtheit und reduzierte Ästhetik inspirieren. *Di–So 8–17 Uhr | Paseo de Montejo/Calle 43*

MUSEO DE ARTE POPULAR

Eine schönere Zusammenstellung yucatekischer Volkskunst gibt es nirgendwo auf der Halbinsel. Neben Sisalprodukten, Körben und Hängematten finden Sie z. B. auch handbemalte Puppen aus Pappmaché, Trachten und Kunsthandwerk aus anderen mexikanischen Bundesstaaten. In der Verkaufsausstellung können Sie viele Produkte für wenige Pesos erwerben. *Di–Sa 10–17, So 10–15 Uhr | Calle 59 Nr. 441*

PALACIO DEL GOBIERNO

Der Regierungspalast zeigt im ersten Stock mehrere *murales* (Wandgemälde) von Fernando Castro Pacheco. Berühmt ist das riesige Gemälde „Die Hände des Henequén-Arbeiters" im naturalistischen Stil, ein Hinweis auf die früheren, mitunter sklavenähnlichen Arbeitsbedingungen der Plantagenarbeiter. Von den Balkonen des Palasts genießt man einen vorzüglichen Blick über den Platz zur Kathedrale. *Tgl. 8–20 Uhr | Nordseite der Plaza Mayor*

TURIBÚS

Ein offener Doppeldecker verkehrt vom Zócalo alle 45 Minuten zu den wichtigsten Sehenswürdigkeiten der Stadt, an sieben Haltestellen kann man ein- und aussteigen. *Tgl. 9–21 Uhr | Fahrtdauer 1 ¾ Std. | 120 Pesos | turibusmerida.com*

ZIELE IN DER UMGEBUNG

DZIBILCHALTÚN

Eine der ältesten und größten Mayastätten liegt ca. 20 km nördlich von Mérida. Dzibilchaltún („Schrift auf flachem Stein") stammt aus der vorklassischen Zeit und war bei der Ankunft der Spanier noch besiedelt. Die weitläufige Anlage umfasste auf 16 km^2 die beachtliche Anzahl von rund 8400 Gebäuden, es wurde jedoch nur das 3 km^2 große Zentrum ausgegraben. Innerhalb der Anlage wurden zwölf *sacbeob* entdeckt, 15 m breite, steinerne Straßen, bis zu 1 km lang, die überwiegend ins Zentrum führen. Von dieser Plaza Mayor verläuft eine 425 m lange *sacbé* ostwärts zum hervorragend restaurierten *Templo* (oder *Pirámide*) *de las Siete Muñecas* („der Sieben Puppen"). Die sieben kleinen Tonfiguren, die hier auf einem Altar gefunden wurden, befinden sich heute im archäologischen Museum von Mérida.

PROGRESO

36 km nördlich von Mérida liegt Yucatáns wichtigster Hafen (56 000 Ew.), in dem auch Kreuzfahrtschiffe ankommen. 1856 fertiggestellt, diente er dem Sisalexport und wurde dadurch reich. Endlos scheint sich die 2 km lange, 9 m breite Pier vom weißen Strand durch das flache Wasser hinaus ins Meer zu ziehen. Große Schiffe können sogar 6,5 km vor der Küste anlegen, denn von der Pier führt ein weiterer, 4,5 km langer Viadukt zum Tiefseehafen. An der langen Strandpromenade liegen zahlreiche Freiluftrestaurants und Cafés. Hier verbringen die Bewohner Méridas gern ein paar ruhige Ferientage und auch Sie können, wenn Sie möchten, hier in Urlaubsatmosphäre schwelgen.

Eines der zahlreichen historischen Gebäude Méridas, die Casa Consistorial

Die wagemutigen Felsenspringer von Acapulco

ACAPULCO

(🕮 15/F4) **Hotels, Restaurants und Diskotheken säumen die glitzernde Bucht an der Westküste Mexikos, millionenschwere, traumhafte Villen liegen am Hügel von Las Brisas.**

Im alten Hafen ankern Kreuzfahrtschiffe, während Straßenhändler und *mariachis* den Zócalo prägen. Und nicht zu vergessen: die kilometerlangen Sandstrände, die Acapulco (2 Mio. Ew.) in den 1940er-Jahren zum Seebad und Tummelplatz reicher US-Amerikaner machten.

SEHENSWERTES

FELSENSPRINGER ★

Die *clavadistas*, die sich spektakulär vom 42 m hohen Quebradafelsen kopfüber in eine enge Meeresbucht stürzen und auf unzähligen Acapulcoplakaten zu sehen sind, können Sie täglich live erleben. Die beste Sicht auf die mit Flutlicht erhellte Szenerie eröffnet sich von den Terrassen des Restaurants *La Perla (im Hotel Mirador | Tel. 01744 4 83 11 55 | €€€)*, nirgends sehen Sie besser. *Tgl. 19.30, 20.30, 21.30, 22.30 Uhr sowie 12.45 Uhr Sondervorstellung | am westl. Rand der Altstadt*

FUERTE DE SAN DIEGO

Meterdicke Bastionen und ein Traumblick aufs Meer kennzeichnen das im 18. Jh. erbaute Fort, das Acapulco vor Piratenangriffen schützte. Heute fesselt es als historisches Museum, erweckt die Kolonialzeit zum Leben, als Acapulcos Hafen (fast) der Nabel der Welt war. *Di–So 9.30–18.30 Uhr | Calle Hornitos ab Costera M. Alemán*

ESSEN & TRINKEN

INSIDER TIPP LA CABAÑA DE CALETA

Das Strandrestaurant in einer offenen *palapa* punktet mit seinem großen und günstigen Angebot an Meeresfrüchten, die man mit einem schönen Blick auf Badende und Fischerboote genießt. *Fraccionamiento Las Playas | Playa Caleta Oriente | Tel. 01744 4 69 85 53 | www.lacabanadecaleta.com | €€*

ZIBU

Trauen Sie sich: Das thailändisch-mexikanische Fusion-Food schmeckt umwerfend und das Lokal gehört zu Acapulcos Topadressen. Tropisch-romantische Atmosphäre hoch über der *Bahía de Puerto Marqués*. Kleine, wechselnde Karte mit köstlichen Desserts. *Fraccionamiento Glomar | Avenida Escénica | Tel. 01744 4 33 30 69 | www.zibu.com.mx | €€€*

MANZANILLO

(15/B2) **Bedeutung besitzt das an der Westküste Mexikos gelegene Manzanillo (130 000 Ew.) vor allem aufgrund seines Hafens, der als Mexikos größter Frachthafen gilt, aber auch Kreuzfahrtschiffe beherbergt.**

In Manzanillo liegen mehrere schöne Strände wie die *Playa Azul* oder die *Playa Las Brisas*, die golden im tropischen Sonnenlicht schimmern – und das nahezu das ganze Jahr über. Im Hinterland erheben sich die dichten grünen, tropischen Wälder, die einen reizvollen Kontrast zu Sand und Meer bilden. An der Strandpromenade von Manzanillo im umfassend erneuerten Zentrum der Stadt zieht die gewaltige blaue Skulptur eines Fächerfischs, gestaltet von dem mexikanischen Künstler Sebastian, die Blicke auf sich.

SEHENSWERTES

IGUANARIO ARCHUNDIA

Der Rettung und dem Erhalt von Leguanen hat sich Ramón Medina Archundia verschrieben, hier, im Zentrum von Manzanillo, wo er die Schuppenkriechtiere liebevoll umsorgt. Vor allem für Kinder ist der Anblick der wie kleine Drachen anmutenden Tiere ein Erlebnis. *Tgl. 10–18 Uhr | 21 de marzo #521 | Eintritt gegen Spende | www.facebook.com/Iguanario Manzanillo*

OLA BRISA GARDENS

In diesem laut eigenem Bekenntnis „zivilisierten Dschungel" tauchen Sie ein in die opulente Natur des Westens Mexikos mit Hunderten verschiedener Palmen und tropischen Pflanzen. *Geführte Touren Mo–Sa 9 oder 9.30 Uhr (Anmeldung unter olabrisagardens@gmail.com) |Tel. 314 33 -0856 | Prolongacion Arnulfo Flores #7 | Santiago (Manzanillo) | olabrisagardens.com*

ZIEL IN DER UMGEBUNG

EL TORTUGARIO

In der Auffangstation El Tortugario in Cuyutlán, ca. 43 km östlich von Manzanillo, finden die vom Aussterben bedrohten Meeresschildkröten ein temporäres Zuhause, bevor sie in die Freiheit entlassen werden. Die Aktivitäten des ökologischen Zentrums erstrecken sich mittlerweile auch auf Leguane und Krokodile. *Tgl. außer Mittwoch 9–17 Uhr | Av. Lopez Mateo, 28350 Cuyutlán | Eintritt 40 US$ | tortugariocuyutlan.com*

LIEBESLIED GEFÄLLIG?

Inbegriff mexikanischer Musik sind die *mariachi*-Kapellen aus honorig auftretenden Herren in stolzem Habitus, gekleidet in schwarze Anzüge mit gold- oder silberglänzenden Knöpfen und breiten Sombreros. Bis zu zehn Musiker spielen Bass, Gitarre, Geige, Trompete, dazu wird inbrünstig gesungen. Treten die *mariachis* in Restaurants auf, dann schuldet man ihnen eine *propina* (Trinkgeld), sofern man ein bestimmtes Lied wünscht. Bieten sie ihre Dienste auf Plätzen an, dann vereinbart man vorher eine angemessene Gage (ca. 7–8 US$ pro Lied).

Wahrzeichen von Cabo San Lucas ist der Felsbogen El Arco

PUERTO VALLARTA

(🕮 15/A1) **An der Bucht von Banderas erwarten Sie mehr als zwei Dutzend goldfarbene Strände.**

Trotz der 2,5 Mio. Besucher pro Jahr ist die Atmosphäre in dem zu beiden Seiten des Río Cuale gelegenen ehemaligen Fischerorts (350 000 Ew.) typisch mexikanisch geblieben: Gepflasterte Innenstadtgassen, rote Ziegeldächer und schmiedeeiserne Balkone bestimmen das Stadtbild. Gebaut wird dagegen im Norden und an der Küste. Highlife herrscht an den Stränden. Neben den klassischen Sportarten gibt es für Wagemutige, die ihren Kreuzfahrtaufenthalt einmal etwas anders gestalten wollen, Ausritte in den Dschungel.

SEHENSWERTES

ISLA DEL RÍO CUALE ★

Die 5 ha große Insel lockt mit toll gestylten Cafés und Restaurants sowie ausgefallenen Kunstgewerbeläden. Sie ist von beiden Straßenbrücken über Treppen sowie über eine Fußgängerbrücke nahe der Mündung zu erreichen. Auf der parkartigen Insel führen teilweise schmale Wege durch Gärten mit dichter Vegetation, u. a. Palmen und Bambus, zu romantischen Plätzen. Die Wege sind gesäumt von Kunsthandwerksständen und Läden. Ein Standbild von John Huston erinnert an Puerto Vallartas Filmgeschichte. Es gibt keine Autos und keinen Lärm, nur ruhige und schattige Wege.

LOS CABOS/ CABO SAN LUCAS

Da, wo Pazifik und Golf von Kalifornien sich mischen, ist alles auf Spaß, Erholung und Action ausgelegt.

An der Südspitze der 1550 km langen Halbinsel Baja California weicht die Wüste ungezählten Luxusresorts, Restaurants und Clubs, dem Grün teurer Golfplätze. Außerhalb ein ganz anderes Bild: die einsame, bizarre Wüstenlandschaft mit meterhohen Cardón-Kakteen.

Los Cabos besteht aus zwei Städten: dem

ruhigeren San José del Cabo (70 000 Ew.) und der gut 30 km südwestlich gelegenen Partyhochburg Cabo San Lucas (70 000 Ew.), wo rund um die Uhr in den Clubs und Bars gefeiert wird.

SEHENSWERTES

EL ARCO

Die der Küste vorgelagerte Felsformation mit einem natürlichen Tor an der Stelle, wo Pazifik und Golf von Kalifornien zusammentreffen, ist das Wahrzeichen der Stadt. Der Bogen lässt sich vom Festland aus erkennen, darüber hinaus werden am Hafen Bootstouren angeboten.

FARO DE CABO FALSO

Die Ruinen des alten Leuchtturms von 1890 und ein Schiffswrack von 1912 liegen 5 km südwestlich von Cabo San Lucas in den Dünen 200 m über dem Meer. Reisebüros organisieren Touren und an den Stränden der Stadt werden Pferde für einen Ritt zum Faro Viejo angeboten.

SAN JOSÉ DEL CABO MAIN SQUARE

Herausgeputzte koloniale Häuschen und nostalgische *Cobblestone*-Straßen umgeben den schmiedeeisernen Kiosk: Im *Centro Histórico* der Stadt herrscht eine angenehm entspannte Atmosphäre, es gibt nette Cafés, Shops und Restaurants – und natürlich *mariachi*-Bands.

WALBEOBACHTUNGSTOUREN

Mit kleinen Booten nähern Sie sich den Grauwalen bis auf wenige Meter, vorausgesetzt, es ist Saison. Denn nur im Winterhalbjahr pflügen die sanften Meeresbewohner durch die warmen Gewässer von Baja California, um sich fortzupflanzen. Bootstouren können Sie praktisch überall für 35–70 US$ buchen.

ZIEL IN DER UMGEBUNG

INSIDER TIPP TODOS SANTOS

Altrocker, Maler und Surfer leben in diesem Fischerstädtchen (5500 Ew.) knapp 80 km nördlich von Cabo San Lucas Tür an Tür mit Einheimischen. So mancher, der den Ort zufällig entdeckte, blieb hier hängen. New-Age-Cafés, Surferkneipen, Galerien und von Ausländern betriebene Restaurants ziehen auch verwöhnte New Yorker an. Und hier existiert es tatsächlich: das *Hotel California*, das die Eagles einst im gleichnamigen Song besangen.

SPIELFREUDIGE PRÄKOLUMBIANER

Zu einem präkolumbischen Zeremonialzentrum gehörte in der Regel ein Ballspielplatz: Totonaken, Mayas, Zapoteken, Azteken – sie alle huldigten dem rituellen Spiel *Pelota*. Der Platz *(tlachtli)* hatte die Form eines doppelten T, an den seitlichen Begrenzungsmauern waren zwei steinerne Ringe von etwa 50 cm Durchmesser angebracht. Zwei Mannschaften mit je drei bis sieben Spielern hatten die Aufgabe, einen Kautschukball mit Schultern, Knie, Ellbogen, Rumpf und Hüfte (offenbar nicht mit der Hand oder dem Fuß) in der Luft zu halten, ohne dass er die Erde berührt, und durch den Ring zu stoßen. Die Bedeutung und die meisten Details des Spiels sind bis heute unklar geblieben, darunter zum Beispiel auch, wie das Spiel endete.

PRAKTISCHE HINWEISE

ANLEGESTELLEN

▶ COZUMEL

Cozumel verfügt über drei Anlegestellen für Kreuzfahrtschiffe. Von der Punta Lagosta erreichen Sie das Zentrum fußläufig, während der International Pier und der Puerto Maya ca. 10 Minuten mit dem Auto von der Innenstadt entfernt liegen. Taxis stehen zur Verfügung.

▶ PROGRESO

Der Pier von Progreso gilt mit mehr als 6 km Länge als einer der längsten der Welt. Vom Anleger aus steht ein kostenloser Shuttleservice in das Stadtzentrum zur Verfügung. Wer nach Mérida weiterfahren möchte, findet am Pier auch Taxis vor.

▶ ACAPULCO

Kreuzfahrtschiffe machen in Acapulco zentrumsnah in der Nähe des Zocalo und des Forts San Diego fest. Die Innenstadt und der Strand sind zu Fuß zu erreichen.

▶ MANZANILLO

Manzanillo besitzt einen im Jahr 2010 eröffneten Kreuzfahrtanleger unmittelbar im Zentrum. Eine weitere Anlegestelle befindet sich im Frachthafen. Für die Weiterfahrt in die Innenstadt stehen Taxis und Busse zur Verfügung.

▶ PUERTO VALLARTA

Das Kreuzfahrtterminal von Puerto Vallarta befindet sich knapp 5 km außerhalb der Innenstadt, die mit Bussen oder Taxis erreichbar ist.

▶ CABO SAN LUCAS

Kreuzfahrtschiffe müssen ankern und bringen ihre Passagiere mit Tenderbooten an Land. Vom Hafen aus ist das Zentrum in ca. 10 Minuten zu Fuß erreichbar; Taxis stehen zur Verfügung.

EINTRITTSPREISE

In bedeutenden Museen und archäologischen Stätten müssen Sie mit 4 bis 10 Euro, in kleineren Stätten und privaten Museen mit 1 bis 5 Euro rechnen. Der freie Eintritt für archäologische Stätten und staatliche Museen am Sonntag gilt nicht für Touristen, sondern nur für Einheimische und in Mexiko sesshafte Ausländer (*residentes*).

GELD & KREDITKARTEN

Die Abkürzung für den Peso ($) ist dieselbe wie für den US-Dollar; prüfen Sie daher bei Preisschildern stets, welche Währung gemeint ist! Es ist oft nützlich, kleinere Dollarscheine dabeizuhaben. Gängige Kreditkarten werden teilweise akzeptiert. Die Zahl der Geldautomaten, an denen Sie mit Kreditkarte und EC-Karte mit Maestrosignet (günstigster Kurs) Bargeld erhalten, nimmt zu.

FOTOGRAFIEREN

Es lohnt sich, Speicherkarten in Mexiko zu kaufen, da sie hier günstiger sind. In Museen dürfen Sie nur gegen Gebühr fotografieren. In archäologischen Stätten kosten das Filmen und die Benutzung eines Stativs jeweils eine Extragebühr. *Indígenas* lassen sich nicht gern ablichten, holen Sie vorher unbedingt ihr Einverständnis ein. In einigen Regionen ist generell beim Fotografieren Vorsicht geboten.

Mexiko

Urlaub von Anfang bis Ende: die wichtigsten Informationen für Ihre Reise

GESUNDHEIT

Impfvorschriften für die Einreise gibt es nicht. Eine Reisekrankenversicherung mit Rücktransport ist unbedingt ratsam. Sonnencreme mit hohem Sonnenschutzfaktor und Insektenschutzmittel gehören auf jeden Fall ins Reisegepäck.

INTERNET & WLAN

In den Städten entstehen nach wie vor Internetcafés, die genau so schnell wieder verschwinden können. WLAN finden Sie in Restaurants und Cafés sowie mittlerweile auch in vielen Gemeinden, häufig im Bereich um den *Zócalo*. Ein Verzeichnis von WLAN-Plätzen gibt es auf *www.hotspot-locations.com*.

NOTRUF

Feuerwehr und Rettungsdienst: *Tel. 060*, Polizei: *Tel. 080*
Ein gebührenfreies Nottelefon mit einem Infoservice in Englisch und Spanisch erreichen Sie rund um die Uhr im gesamten Land unter *Tel. 01 80 09 03 92 00*.

ÖFFNUNGSZEITEN

Geschäfte machen mittags Pause (ca. 13–16 Uhr) und haben abends lange auf; gesetzlich geregelte Ladenschlusszeiten gibt es nicht.

TAXI

Wenn ein Taxameter eingeschaltet ist, ist das Taxifahren sehr preiswert (1 km ca. 0,70–0,90 Euro). Anderenfalls den Preis unbedingt vorher vereinbaren!

TELEFON & HANDY

Überall im Land gibt es Telefonzellen, in denen Sie Telefonkarten nutzen können. Eine Minute nach Europa kostet 10 Pesos, ein Ortsgespräch 1 Peso. Europäische Handys können Sie in Mexiko benutzen. Eine mexikanische Prepaidkarte der Gesellschaft Telcel *(www.telcel.com)* kostet in Mexiko zwischen 15 und 40 US$ – mit Gesprächsguthaben bis zur Hälfte des Kaufpreises. In Europa werden Karten für 40–50 Euro angeboten, jedoch nur mit knapp 10 Euro Guthaben. Um sie nutzen zu können, benötigen Sie ein freigeschaltetes, GSM-1900-kompatibles Gerät.

TRINKGELD

Im Restaurant sind 10 bis 15 Prozent üblich, falls eine *propina* in der Rechnung nicht bereits explizit ausgewiesen ist. Taxifahrer erwarten in Mexiko hingegen kein Trinkgeld. Mit 10 Pesos sind kleinere Gefälligkeiten normalerweise ausreichend abgegolten.

WAS KOSTET WIE VIEL?

Kaffee	1–1,50 Euro *für einen café de olla*
Snack	1,50–2 Euro *für eine Taco am Stand*
Bier	1,70–2,50 Euro *für eine Dose*
Souvenir	ab 25 Euro *für eine Hängematte*
Busfahrt	8–12 Euro *für 100 km in der ersten Klasse*

MITTELAMERIKA

Nord- und Südamerika verbindet ein schmaler Landstreifen, der als Mittel- oder Zentralamerika bezeichnet wird. Auf dieser vergleichsweise geringen Fläche erstreckt sich eine Vielzahl kleiner Länder wie zum Beispiel Belize, Costa Rica, El Salvador, Honduras oder Panama. Südlich schließt sich Kolumbien an. Hier finden Sie paradiesische Landschaften mit weiten Regenwäldern, zahlreichen Seen und bizarren Vulkanen, bildschönen weißen Stränden und türkisblauen Lagunen sowie eine große Tiervielfalt, die es zu entdecken gilt. In den Naturparks oder auf Bootstouren können Sie Papageien, Waschbären, Pfeilgiftfrösche, Ameisenbären oder Brüllaffen beobachten. Historisch gesehen ist hier ein eigener Kulturkreis entstanden, der geprägt ist von den indianischen Ureinwohnern, den europäischen Einwanderern und den afrikanischen Sklaven. Kulturelle Highlights sind daher vor allem die großartigen Mayastätten, alte Kolonialstädte, bunte Indianermärkte und natürlich Prachtstädte wie Panama City mit seiner berühmten Puente de las Americas, die den Panamakanal überspannt.

BELIZE

(🕮 16/C2) **Belize mag zwar klein und eher unbekannt sein, dafür ist es aber ein Land mit großem Wow-Faktor. An seiner Karibikküste befindet sich das zweitgrößte Riff der Welt, dem zahlreiche bezaubernde Inseln vorgelagert sind.**

Bild: Kein Wunder, dass dieser Strand Paradise Beach heißt

Sieben Länder, verbunden durch die Geschichte und doch jedes für sich einzigartig: willkommen in Mittelamerika

Die sogenannten Cayes werden mit dem Boot erreicht und ab dem Moment der Ankunft gilt der afrokaribische Lifestyle: „No shirt, no shoes... no problem." Im Landesinneren stellen die Urwaldflächen den größten zusammenhängenden Rest des tropischen Regenwaldes dar, der sogar aus dem Weltraum gut zu erkennen ist. Weltweit einzigartig ist das Jaguar-Reservat Cockscomb Basin Wildlife Sanctuary, in dem die mächtige Großkatze noch heute frei lebt. Und in der Anderson's Lagoon kann man das Phänomen der Biolumineszenz in der Nacht erleben, wenn Fischschwärme im Wasser leuchten. Diese allein schon beeindruckende Palette wird vervollständigt durch alte Mayaruinen wie zum Beispiel Lamanai, Altun Ha oder Xunantunich, eine der gewaltigsten Dschungel-Metropolen.

BELIZE CITY

(🗺 16/C2) **Die alte Hauptstadt Belizes ist trotz der Verlegung aller politischen Aktivitäten nach Belmopan weiterhin**

ZEUGEN IM DSCHUNGEL

In Bezug auf archäologische Stätten muss sich das kleine Belize nicht hinter Mexiko verstecken, denn das Land war ein wichtiges Zentrum der Maya. *Lamanai* liegt am Ufer des New River im üppigen Regenwald und ist mit einer Besiedlungsdauer von 3000 Jahren eine der kontinuierlichsten Städte, die von der Mayakultur zeugen. Auf 40 000 ha lebten in der klassischen Periode bis zu 20 000 Einwohner. Beeindruckend sind vor allem der neunstufige Jaguar-Tempel und der Ballspielplatz, in dem einst zwei Mannschaften gegeneinander zu Ehren der Götter um Kopf und Kragen kämpften. Wer *Altun Ha* besucht, wird auf ein altes Handelszentrum zwischen Küste und Inland treffen, das eine hohe Anzahl an Gebäuden hatte und in den Gräbern reiche Beigaben. Der bedeutendste Fund ist ein 4,5 kg schwerer Jadekopf. In *Xunantunich* platzieren sich um sechs Plazas 25 Tempel und Palastbauten. Cahal Pech ist zwar relativ klein, nichtsdestotrotz reizvoll und die älteste bekannte Mayastadt in Belize.

das kulturelle und wirtschaftliche Zentrum des Landes. Durch ihren großen Hafen haben sich hier schon früh viele unterschiedliche Kulturen gemischt, die heute den farben-frohen Charakter der Stadt ausmachen.

Die urbane Szenerie ist ein Gefüge aus bunten Wohnhäusern, einigen hübschen Kolonialhäusern, am Meer gelegenen Parks, geschäftigen Einkaufsvierteln, Straßenmärkten und vielen Segelbooten, die im Mündungsarm des Belize-Flusses vor sich hin schaukeln. Der Fluss teilt Belize in zwei Teile, das vom Handel geprägte Southside und das touristisch attraktivere Northside.

SEHENSWERTES

BELIZE SWING BRIDGE ★

Die Brücke ist nicht nur das pulsierende Herz Belizes, sondern auch eine besondere Konstruktion. Als Drehbrücke wurde sie schon 1897 errichtet und 1923 durch ein neues Modell aus Liverpool ersetzt. Noch heute wird sie per Hand betrieben, was sie weltweit einzigartig macht. Geöffnet werden ihre Pforten nur noch selten, um größere Schiffe bei Sturmgefahr durchzulassen – dann entsteht ein kleiner Moment des Innehaltens in dieser geschäftigen Stadt.

MARITIME MUSEUM

Das 1996 eröffnete Museum befindet sich ganz in der Nähe der Swing Bridge im Maritime Terminal am Haulover Creek. In der Ausstellung wird über die nautische Vergangenheit der Region und die Fischerei informiert. Dazu kommen zahlreiche Schiffsmodelle und Bilder. Der wahrscheinlich spannendste Teil gilt dem Belize Barrier Reef, das seit 1996 aufgrund seines Artenreichtums als Weltnaturerbe unter dem Schutz der UNESCO steht. Erklärt werden seine Evolutionsgeschichte und das dazugehörige Ökosystem mit den zahlreichen Meerestieren.
19 Albert St

MUSEUM OF BELIZE

In einem ehemaligen Gefängnisgebäude im Fort-George-Viertel wurde 2002 ein modernes Museum eröffnet, das sich der Geschichte des Landes widmet. Im Erdgeschoss erzählen historische Fotografien und Dokumente von der Kolonialzeit und der Unabhängigkeit sowie den Folgen des verheerenden Hurrikans Hattie, der 1961 große Teile von Belize zerstörte. Im Obergeschoss werden noch einige wenige Mayaschätze bewahrt, wie zum Beispiel Jadestücke, bemalte Keramiken und Skulpturen. Die meisten historischen Stücke zerstreuen sich jedoch in anderen Ländern. Daher findet man in der Ausstellung viele informative Modelle und Erklärungen zu den Mayastätten im Land. Das Museum hat auch einen Originalgefängnisraum mit den Graffitis der Insassen erhalten. *Mo–Do 8.30–17, Fr, Sa 9–16.30 Uhr | Eintritt 10 US$ | 5 Eve St, nichbelize.org*

Auch die eleganten Jaguare leben im Zoo von Belize

ZIELE IN DER UMGEBUNG

BELIZE BARRIER REEF ★

Ein absolutes Highlight ist das Belize Barrier Reef, das nach dem Great-Barrier-Riff in Australien das zweitgrößte Riff der Erde ist. Seine Ausmaße betragen fast 100 000 m² und es zieht sich von Belize über die karibischen Bay Islands bis nach Honduras. Zu Belize gehören drei der vier Atolle, die hier liegen. Das Great Blue Hole, eine Doline unter Wasser, d. h. ein Karstrichter, der um die 125 m tief ist, liegt nur 80 km von Belizes Hauptstadt entfernt. An der Oberfläche wird es als großes blaues Loch mir einem Durchmesser von 330 m sichtbar.

BELIZE ZOO ★

Ein Besuch des Zoos von Belize, der auch das Tropical Education Center umfasst, ist der beste Weg, um eine Vorstellung von der Tierwelt des Landes zu bekommen. In den tropischen Savannenlandschaften leben 45 verschiedene Tierarten. Zu den Säugetieren gehören Jaguar, Jaguarundi und Puma, Tapire und Ozelots. An Vögeln kann man zum Beispiel den scheuen Tukan beobachten und viele der anderen 543 in Belize ansässigen Arten. Dazu kommen die Amphibien und Reptilien wie Frösche, Schlangen und Krokodile. *Tgl. 8.30–17 Uhr | Eintritt 15 US$ | Mile 29 des George Price/Western Highway | www.belizezoo.org*

ANLEGESTELLE

▶ BELIZE

Kreuzfahrtschiffe ankern vor Belize und bringen ihre Passagiere mit Tenderbooten an Land. Von einer Erkundung der Stadt zu Fuß ist aus Sicherheitsgründen abzuraten; besser nutzt man für Ausflüge die Taxis, die am Kreuzfahrtterminal bereitstehen.

GUATEMALA

Eins kann man dem südlich der mexikanischen Halbinsel Yucatán gelegenen Land nicht nachsagen: dass es langweilig sei. So kommt es nicht von ungefähr, dass das Land auch zunehmend das Ziel von Kreuzfahrten ist.

Die Maya-Ruinen von Quiriguá

In Guatemala findet man nicht nur geheimnisvolle Regenwälder und Vulkane, schwarze Strände und Nebelwald, sondern auch die Spuren der Mayakultur, die so zahlreich sind, dass es bislang noch nicht gelungen ist, sie vollständig zu erfassen. Erst 2018 wurde mit einer besonderen Lasertechnik im Regenwald im Norden des Landes eine gewaltige, bislang unbekannte Mayasiedlung entdeckt – ein Fund, der die Wissenschaftler begeisterte. Versteckt unter einer Pflanzendecke verbergen sich unglaubliche mindestens 60 000 Gebäude, darunter auch eine siebenstöckige Pyramide. Derartige Fundstücke aus präkolumbischer Zeit machen den besonderen kulturellen Reichtum des Landes aus. Nach der Eroberung durch die spanischen Conquistadores im 16. Jh. war Guatemala bis zum Jahr 1821 eine Kolonie Spaniens, 1840 wurde das Land nach einer Übergangszeit eigenständig. Heute bestimmen vor allem der Export von Kaffee, Bananen und Zucker die Wirtschaft des Landes, das in der Vergangenheit von einem 36 Jahre andauernden Bürgerkrieg erschüttert wurde.

PUERTO BARRIOS

(🕮 16/C3) **An der Karibikküste Guatemalas liegt die Hafenstadt Puerto Barrios (60 000 Ew.). Im Vergleich zu anderen Orten, die noch auf die Kolonialzeit zurückgehen, ist die Stadt jung, entwickelte sie sich doch erst Ende des 19. Jh.s um den hier gegründeten Seehafen.**
Nach einem Erdbeben 1976 entstand ein neuer Seehafen in unmittelbarer Nähe in Santo Tomás de Castilla, wo heute auch die Kreuzfahrtschiffe anlegen. Von hier aus bieten sich Ausflüge in die Umgebung an, da die Stadt selbst kaum Sehenswürdigkeiten bietet.

ZIELE IN DER UMGEBUNG

LAGO DE IZABEL *(🕮 16/C3)*
Am größten See Guatemalas liegt nicht nur das Castillo de San Felipe, das im 17. Jh. von den Spaniern errichtet wurde. Am anderen, südlichen Ende des Sees schützt das mehr als 200 km² große *Refugio de Vida Silvestre Bocas del Polochic* die einzigartige Tierwelt dieses Feuchtgebiets, darunter Tapire, Brüllaffen und Seekühe.
Circa 83 km westlich von Puerto Barrios

QUIRIGUÁ

Auf sehenswerte Mayastätten werden Sie in Mittelamerika auf Ihrer Kreuzfahrtreise wahrscheinlich nicht nur einmal treffen, doch in dieser als archäologischer Park ausgewiesenen Stätte können Sie eine ungewöhnliche Anzahl bestens erhaltener Skulpturen bewundern. Wer mehr über die Mayakultur erfahren will, besucht zusätzlich das Museum. *Circa 90 km süd-westlich von Puerto Barrios*

PUERTO QUETZAL

(🕮 16/B4) **Der Quetzal ist ein tropischer Vogel mit einem prächtigen, farbenfrohen Gefieder – und nach diesem Wappenvogel Guatemalas ist die Hafenstadt an der Westküste des Landes, die größte an der Pazifikküste, benannt.**

Puerto Quetzal ist eine Industriestadt, in der es für Touristen wenig zu sehen gibt. Jedoch sind von ihr aus faszinierende Ausflüge in Kultur und Natur des Landes möglich – Sie werden feststellen, dass Sie bei Ihrem Aufenthalt die Qual der Wahl haben werden, ob Sie eher historische Mayastätten oder doch eines der Naturschauspiele Guatemalas besuchen möchten.

ZIELE IN DER UMGEBUNG

ANTIGUA GUATEMALA *(🕮 16/B3)*

Wer die Kleinstadt (35 000 Ew.) im Hochland besucht, die von der Mitte des 16. bis zur Mitte des 18. Jh.s Hauptstadt war, der wird sofort verstehen, warum die UNESCO ihr den Titel des Weltkulturerbes verliehen hat. Hier treffen Sie auf eine Vielzahl an Bauten aus der Kolonialzeit, ebenso auf barocke Kirchen. Bestaunen Sie die Klosteranlage *Convento de las Capuchinas* oder *La Merced*, ein Gotteshaus aus der Mitte des 18. Jh.s, hinter dem sich imposant der Vulkan *Agua* erhebt. Der ist übrigens nicht der einzige Vulkan der Gegend, der *Acatenango* und der *Volcán de Fuego* befinden sich ebenfalls in der Nähe. *Circa 82 km nördlich von Puerto Quetzal*

LAGO DE ATTILÁN *(🕮 16/B3)*

Welch ein Anblick! Blau schimmert das Wasser des zweitgrößten Sees des Landes im Hochland, umgeben von drei imposanten Vulkanen. Auch der See selbst ist vulkanischen Ursprungs, er befindet sich in einem Vulkankrater. Der See, der bereits den weit gereisten Naturforscher Alexander Humboldt begeisterte, dürfte auch das Herz heutiger Liebhaber einzigartiger Szenerien erfreuen. *Circa 140 km nördlich von Puerto Quetzal*

ANLEGESTELLEN

▶ PUERTO BARRIOS/ SANTO TOMAS DE CASTILLA

Kreuzfahrtschiffe legen in einem Industriehafen an. Da Puerto Barrios wenig Sehenswertes bietet, empfiehlt es sich, ein Taxi oder ein Wassertaxi zur Erkundung der Region zu nutzen, wenn Sie nicht ohnehin auf eines der Ausflugspakete Ihres Kreuzfahrtanbieters zurückgreifen.

▶ PUERTO QUETZAL

In dem großen Industriehafen ist ein Bereich für die ankommenden Kreuzfahrtschiffe reserviert. Außerhalb des Kreuzfahrtterminals stehen Taxis zur Verfügung, ebenso lokale Ausflugsveranstalter. Taxipreise sollten Sie vor Fahrtantritt verhandeln.

RHYTHMISCHE SYMBIOSE

Ein farbenprächtiges Spektakel sind die Tänze der *Garifunas*, einer Volksgruppe, die im 17. Jh. durch die Vermischung von westafrikanischen Sklaven mit Kariben hervorging. Im 18. Jh. mussten sie von der Karibikinsel St. Vincent fliehen und siedelten sich an der Atlantikküste Mittelamerikas an. Heute lebt die Community hauptsächlich in Honduras und die größte Gemeinschaft hat auf Roatán ihr Zuhause gefunden. In ihren Tänzen und der Musik haben sich beide Kulturen zu einem rhythmischen Ereignis verschmolzen, das auch die Besucher der Insel mitreißt. Die Auftritte finden an vielen Inselorten statt, doch einmal im Jahr am 12. April steht Punta Gorda im Mittelpunkt, wenn der Jahrestag der Ankunft auf Roatán mit einem großen Festival gefeiert wird.

HONDURAS

Nach und nach wird das mittelamerikanische Land auch vom Tourismus entdeckt. Ein Wunder eigentlich, dass es so spät passiert, denn zu bieten hat Honduras einiges: erstklassige Tauchspots an der Nordküste, interessante Mayastätten im Westen und fast überall eine fantastische, wilde Natur.

Die schier endlosen Regenwälder bedecken noch 30 Prozent des Landes und gehen bis auf Höhen von 1500 Metern. Die nordöstliche Spitze von Honduras bedeckt der Mosquitia, ein Feuchtwald, der sich bis zum Atlantik zieht. Besonders dort findet man breite Sümpfe, Flüsse und Lagunen, die eine paradiesische Tierwelt beherbergen. Der größte Teil der Pazifikküste ist zwar stark zerfurcht und schwer zugänglich, doch dafür gibt es ja noch die herrliche Karibikküste, wo sich auch endlose Bananen-, Ananas- und Zitrusplantagen hinziehen. Vor der Küste lagern die traumhaft schönen Islas Bahias, die zum Teil schon touristisch erschlossen sind. Das alles krönt die sagenumwobene Mayastadt Copán, die eine einzigartige Hieroglyphentreppe besitzt mit dem längsten Mayatext, der bislang gefunden wurde.

ROATÁN

(🕮 16/D2) **Vor der Küste Honduras' liegen die drei Islas de la Bahia, auch Inseln der Glückseligen genannt. Die größte der drei Schwestern ist Roatán, sie ist 8 km breit, 60 km lang und hat rund 30 000 Einwohner, die hauptsächlich im Tourismusbereich arbeiten.**

Coxen Hole, der größte Ort der Insel, ist so überschaubar, dass man ihn gut zu Fuß erkunden kann. Er liegt im Südwesten der Insel am Hafen, wo auch die Kreuzfahrtschiffe ankern. In Punta Gorda wiederum, auf der anderen Seite der Insel, lebt die größte Gemeinde der Garifunas. Deshalb können Sie dort auf jeden Fall eine ihrer mitreißenden Gesangs- und Tanzdarbietungen sehen. Touristisch noch fast unentdeckt, dafür aber sehr hübsch und pittoresk ist der Ort French Harbour an der Südküste der Insel. Die Häuser an der Küste stehen hier teilweise auf Pfählen. Großen Trubel sucht man auf der Insel aber vergeblich, der Alltag hier ist geruhsam und gelassen. Rund um die Küste liegen nur wenige Flossenschläge entfernt Korallenriffe mit kleinen Canyons und Höhlen, die begeisterte Taucher anziehen. Im kristallklaren, angenehm warmen Wasser begegnet man Schildkröten, Rochen, Muränen oder Mantas. An Land beeindrucken die weißen Sandstrände, die pittoresken Mangrovenwälder und ein buntes Tier- und Pflanzenreich. In der sanften Brise des Windes wiegen sich die Palmen und Besucher können es sich in den Hängematten der Strandbars bequem machen.

SEHENSWERTES

ARCH'S IGUANA AND MARINE PARK

In einem schönen tropischen Garten etwas außerhalb von French Cay wohnen einige Tausend Leguane, die hier ihr friedliches Refugium gefunden haben. Leguane waren lange eine Grundzutat der Inselküche, doch mittlerweile sind sie eine geschützte Spezies. Die Tiere tummeln sich überall, deshalb passen Sie bei Ihrem Spaziergang auf, plötzlich fallen sie aus den Bäumen oder Büschen heraus. Fütterungszeit ist immer am frühen Nachmittag. Dann können auch Besucher die Tiere hochnehmen und mit der Hand füttern. *www.archsiguanaandmarinepark.com*

BARRIER REEF

Wer das Hausriff der Insel schon ausgiebig erkundet hat, den erwartet ganz in der Nähe das zweitgrößte Korallenriff der Welt. Die wunderschöne Unterwasserwelt des Belize Barrier Reefs wird von Roatán aus mit dem Boot erreicht. Hier wiegt sich grünes Seegras im Takt der Wellen, bunte Korallen und gigantische Becherschwämme flimmern vor sich hin und Schwärme von kunterbunt gemusterten Fischen in allen Formen und Größen gleiten elegant und flink durch ihr Refugium. Mit etwas Glück entdeckt man auch schwarze Seesterne und die scheueren Schildkröten. Wer nicht selbst tauchen mag, der kann mit einem Mini-U-Boot von West Bay aus abtauchen.

INSIDER TIPP DANIEL JOHNSON'S MONKEY AND SLOTH HANGOUT

Sie wollten schon immer einmal sehen, wie Faultiere in natura abhängen? Besuchen Sie den *Daniel Johnson's Monkey & Sloth Hangout* und kommen Sie den eigentümlichen und liebenswerten Tieren etwas näher. In diesem Schutzzentrum finden nicht nur Faultiere Aufnahme, sondern auch u. a. Papageien und Affen. *Mo–Fr 9–15, Sa 9–13 Uhr | Eintritt 10 US$ | French Cay | monkeyandslothhangout.com*

MAYAN EDEN ECO PARK

Der Freizeit- und Tierpark liegt auf einer Anhöhe im Dschungel über Coxen Hole und ist von dort aus sehr schnell zu erreichen. Mayan Eden bietet täg-

Charmanter Nichtstuer

Einen Einblick in die Mayakultur erlauben die Ruinen von Copán

lich mehrere Führungen an, bei denen man viel Wissenswertes über die Natur, die Tiere und die alte Mayakultur erfährt. Unterwegs trifft man auf einen Schmetterlingsgarten und pfeilschnelle Kolibris, bunte Papageien und Tukans, verschiedene Affenarten, die sich durchaus mal auf eine Schulter setzen, und viele Mayaskulpturen, deren Hintergründe von den Guides erklärt werden. Für den ultimativen Adrenalinkick gibt es eine gesicherte Seilrutsche, die über 30 Minuten von Baum zu Baum geht. Auf den dazwischenliegenden Plattformen hat man eine wunderschöne Aussicht auf die karibische See. *Coxen Hole, facebook.com/MayanEdenEcoPark/*

INSIDER TIPP ROATÁN INSTITUTE OF DEEP SEA EXPLORATION

Hier erwartet Sie ein Erlebnis der ganz besonderen Art: Mit einem kleinen U-Boot taucht man in bis zu 600 m Tiefe ab und begegnet dabei der faszinierenden Unterwasserwelt – auch der in Regionen vollständiger Dunkelheit. *www.stanleysubmarines.com*

SCHIFFSWRACK ALEXANDER

Schiffswracks üben schon immer eine große Faszination auf Taucher und Abenteuerfans aus. Rund um Roatán sieht man einige dieser alten Relikte, um die sich immer wieder dramatische Geschichten über Piraten ranken. Die Insel war lange Zeit ein Piratennest und beherbergte zum Teil bis zu 10 000 Seeräuber. Manche Wracks sind aber lediglich für die Taucher versenkt worden, die hier in den engen Räumen nach verborgenen Geheimnissen suchen. Gleichzeitig funktionieren sie wie ein schönes künstliches Riff, das Meeresbewohner jeglicher Art anzieht. In Sichtweite der Mahogany Bay nahe dem Fährterminal bekommen Sie eins der halb versunkenen und rostenden Schiffe zu sehen – ein beeindruckendes Fotomotiv!

ESSEN & TRINKEN

CAFÉ ESCONDIDO

Gesundes Essen mit Aussicht. Das Café in West End bietet nicht nur einen schönen Blick auf den Hafen, sondern auch Frühstück, asiatisch inspirierte Gerichte, Salate und frische Smoothies. *Mo, Do–So 7.45–15 Uhr | West End Road*

ROATAN OASIS

Die Karte wechselt alle zwei Wochen, verarbeitet werden hier nur frische Zutaten, und Menschen aller Essgewohnheiten von Fisch- und Fleischliebhabern bis zu Vegetariern und Veganern werden hier fündig. *Mo–Fr 17–20.30 Uhr | Carretera Principal, West End | Tel. +504 94 846 659 | www.roatanoasis.com*

PUERTO CORTÉS

(🕮 16/C3) **Gegründet wurde die Stadt an der honduranischen Nordküste 1524 von den spanischen Conquistadoren.**

Da bis in das 18. Jh. hinein Piraten ihr Unwesen in der Karibik trieben und die unbefestigte Stadt immer wieder deren Ziel wurde, war Puerto Cortés zu dieser Zeit nur dünn besiedelt. Wirtschaftlichen Aufschwung erlebte die Stadt erst im 20. Jh. mit dem Bananenexport und dem Bau einer Eisenbahnlinie. Heute befindet sich in Puerto Cortés der größte Seehafen Honduras'. Die Stadt selbst bietet für Reisende keine Sehenswürdigkeiten, sondern dient vorrangig als Ausgangspunkt für Exkursionen ins Landesinnere.

ZIELE IN DER UMGEBUNG

COPÁN *(🕮 16/C3)*

Eine bedeutende Fundstätte der Mayazivilisation befindet sich in Copán, ca. 235 km südwestlich von Puerto Cortés gelegen. Im *Parque Arqueológico y Sepulturas (tgl. 8–16 Uhr | Eintritt 15 US$)* tauchen Sie ein in die Geschichte der faszinierenden untergegangenen Kultur der frühen Bewohner Mittelamerikas; Tempel, Altäre und steinerne Stelen zeugen von der hohen Entwicklung der Maya, die hier bereits über 1000 Jahre v. Chr. lebten. Im hervorragenden *Museo de Escultura (tgl. 8–16 Uhr | Eintritt 7 US$)* sind zahlreiche Skulpturen aus der Mayazeit zu sehen.

OMOA

(🕮 16/C3) Circa 13 km westlich von Puerto Cortés liegt das Hafenstädtchen Omoa, das vor allem mit seinem Strand punktet, der an einer weiten Bucht liegt. Aus der Mitte des 18. Jh.s stammt die *Fortaleza de San Fernando Omoa*, eine Festung zum Schutz gegen die Gefahr durch Piraten. Die gewaltige Anlage erstreckt sich auf einer Fläche ca. 4400 m^2; damit ist sie die größte in Mittelamerika. *Mo–Fr 9–17, Sa, So 9–16 Uhr | Eintritt 4 US$*

ANLEGESTELLEN

▶ PUERTO CORTÉS

In Puerto Cortés machen Kreuzfahrtschiffe im Industriehafen fest. Da es um die Sicherheit teilweise nicht zum Besten bestellt ist, empfiehlt es sich, organisierte Ausflüge der jeweiligen Reederei zu buchen.

▶ ROATÁN/COXEN HOLE

Kreuzfahrtschiffe legen auf Roatán entweder direkt in Coxen Hole in fußläufiger Entfernung zum Zentrum oder am Mahogany Bay Cruise Center ca. 7 km östlich von Coxen Hole an. Zur Erkundung der Insel stehen Taxis und Mietwagen zur Verfügung.

EL SALVADOR

(🕮 16/B–C4) **Kaum größer als Sachsen-Anhalt, hat El Salvador auf geringem Raum eine große landschaftliche Vielfalt zu bieten.**

Über 2000 m hohe Vulkane gehören in dem kleinsten mittelamerikanischen Land ebenso zum Landschaftsbild wie weite Strände mit dunklem Sand an der Pazifikküste, Wäldern und Kaffeeplantagen, dazu in den Städten eine Architektur, die geprägt ist vom Kolonialstil. Und, wie anderswo in der Region, trifft man auch in El Salvador auf die präkolumbischen Zeugnisse der Maya, die das Land bevölkerten, bevor es die Spanier im Jahr 1525 eroberten. Mitte des 19. Jh.s erlangte El Salvador die Unabhängigkeit.

ACAJUTLA

(🕮 16/B4) **Acajutla ist der wichtigste Hafen an der Pazifikküste El Salvadors und erlangte erstmals unter spanischer Herrschaft wirtschaftliche Bedeutung.**

Hier legen Kreuzfahrtschiffe an, die die Westküste Mittelamerikas passieren, und ebenso werden von hier aus Kaffee, Zucker und Textilwaren in alle Welt exportiert. Acajutla ist idealer Ausgangspunkt, um einige der Schönheiten des bislang als Reiseziel unterschätzten Landes zu erkunden.

ANLEGESTELLE

▶ EL SALVADOR

Kreuzfahrtschiffe legen in Acajutla im Industriehafen an. Wer die Gegend auf eigene Faust erkunden möchte, findet in Hafennähe Taxis zur Weiterfahrt in die Umgebung.

ZIELE IN DER UMGEBUNG

INSIDER TIPP EL CARMEN ESTATE

(🕮 16/B4)

Wer eines der bedeutendsten Produkte des Landes und seine Verarbeitung kennenlernen will, wird auf dieser Plantage, die zugleich Hotel und Restaurant ist, fündig. Hier erfahren Sie auf geführten Touren Wissenswertes zur Kaffeeverarbeitung und natürlich können Sie den Kaffee auch probieren. Wer es etwas abenteuerlicher mag, gleitet an einer Zipline über die Plantage. *Geführte Touren 5/22,50 US$ | km 97 carretera Ahuachapan-Sonsonate, Concepción de Ataco | www.elcarmenestate.com | ca. 53 km nördlich von Acajutla*

PARQUE NACIONAL LOS VOLCANOS (CERRO VERDE NATIONAL PARK)

(🕮 16/B4)

Rund um die Vulkane *Cerro Verde, Izalco* and *Santa Ana* erstreckt sich dieser Nationalpark auf über 2000 m Höhe. Die Vulkane können Sie von verschiedenen Aussichtspunkten aus bestaunen. Gleichfalls vulkanischen Ursprungs ist der traumhaft schöne *Lago de Coatepeque*, entstanden in einem Vulkankrater, der wie ein blaues Auge in den Himmel blickt. *Circa 80 km nordöstlich von Acajutla*

TAZUMAL & JOYA DE CERÉN

(🕮 16/B4 & 16/C4)

Die Ruinen der bedeutenden Mayasiedlung Tazumal liegen in der Stadt Chalchuapa; zum Areal gehören zwei Tempelpyramiden. Ein einzigartiger archäologischer Schatz ist ★ *Joya de Cerén*, das nach einem Ausbruch des Vulkans Ilopango unter der Asche sehr gut erhalten blieb und einen Einblick in das Alltagsleben der einfachen Bauern aus der Mayaepoche gibt. *Tazumal ca. 75 km nördlich, Joya de Cerén ca. 73 km nordöstlich von Acajutla*

NICARAGUA

Zwischen Karibik im Osten und Pazifik im Westen erstreckt sich das Land, das entlang der Pazifikküste von einer Vulkankette bestimmt wird, das aber zudem mit Regenwäldern, fantastischen Stränden, dem gewaltigen Nicaraguasee, Mittelamerikas größtem Binnensee, und einer freundlichen Bevölkerung aufwartet.

Das Land, das einst von Bürgerkriegen geplagt wurde, tritt zunehmend in den Fokus als Reisedestination, nicht nur wegen der landschaftlichen Reize, sondern auch, weil es noch einen ursprünglichen, vom westlichen Lebensstil weitgehend unbeeinflussten Charme verströmt.

SAN JUAN DEL SUR

(🕮 17/B2) **San Juan del Sur (ca. 7800 Ew.) liegt im Westen Nicaraguas an der Pazifikküste und wird zunehmend auch von Kreuzfahrtlinien angefahren, die ihren Reisenden die Schönheit des Landes nahebringen wollen.**

Kaum mehr als ein Fischerdorf, besitzt San Juan del Sur einige sehenswerte Strände und eine Strandpromenade mit zahlreichen Restaurants, in denen vorwiegend Meeresfrüchte auf der Speisekarte stehen, und einen Markt mit Produkten des Landes.

SEHENSWERTES

CRISTO DE LA MISERICORDIA ✷

Im Jahr 2009 wurde die gewaltige Christusstatue oberhalb von San Juan del Sur errichtet. Von hier oben aus eröffnet sich ein spektakulärer Panoramablick auf die hufeisenförmig geschwungene Bucht und den Ort.

ZIELE IN DER UMGEBUNG

GRANADA *(🕮 17/B1)*

Unterhalb des Vulkans *Mombacho* liegt die im frühen 16. Jh. von den Spaniern gegründete Stadt, die noch heute mit ihren Kolonialbauten beeindruckt, darunter die große Kathedrale. Granada liegt vor der atemberaubenden Kulisse des *Nicaraguasees*, den man von hier aus ebenfalls erkunden kann. Südlich der Stadt liegt das *Reserva Natural Volcán Mombacho*; hier kann man u. a. auf einem kurzen Rundweg durch den Nebelwald um den Krater wandern und sich mit der vielfältigen Natur vertraut machen *(www.mombacho.org)*. *Circa 98 km nördlich von San Juan del Sur*

PARQUE NACIONAL VOLCÁN MASAYA *(🕮 17/A1)*

Die beiden im Nationalpark gelegenen Vulkane Masaya und Nindirí sind noch aktiv; ab 2016 bildete sich erneut ein Lavasee im Santiago-Krater – ein einzigartiges feuriges Schauspiel. *Circa 105 km nördlich von San Juan del Sur*

ANLEGESTELLE

▶ NICARAGUA

Kreuzfahrtschiffe ankern im Hafen und bringen ihre Passagiere mit Tenderbooten an Land. Für Ausflüge in die Umgebung gibt es entsprechende Touren der Kreuzfahrtanbieter, es besteht aber auch die Möglichkeit, die Region mit örtlichen Veranstaltern, z. B. *Nicaragua Tour Network (www.nicaraguatournetwork.com)*, zu erkunden oder ein Taxi zu nutzen.

Ein Vertreter der exotischen Tierwelt Costa Ricas ist der Grüne Basilisk

COSTA RICA

Brodelnde Vulkane, die die Nacht mit einem Feuerwerk aus rot glühendem Magma erhellen, handtellergroße Schmetterlinge und winzig kleine Kolibris, die Nektar aus den Urwaldblüten saugen – mehr als 30 Schutzgebiete besitzt Costa Rica.

Ein wohl einmaliges Modell auf der Welt: ein Land, das mehr als ein Viertel seiner Fläche unter Naturschutz stellte – als Nationalparks, Biosphärenreservate, aber auch als Indianerreservate und von der UNESCO zum Welterbe erklärte Gebiete. Dampfende Regenwälder, nebelverhangene Hochtäler, ockergelbe Savannen, Mangrovensümpfe und Trockenwälder, Bergketten und Vulkane, unbegradigte Flüsse, vor der Küste Korallenriffe und grüne Inseln: Sie alle gehören zu den außergewöhnlichen und schützenswerten Schönheiten des Landes.

PUERTO LIMÓN

(🕮 17/C2) **Einer der wichtigsten Häfen des Landes ist Puerto Limón (80 000 Ew.), Containerumschlagplatz für Kaffee, Ananas und Bananen, Zentrum afrokaribischer Kultur.**

Gelitten hat die Stadt unter Erdbeben, die Spuren der Zestörung sind auch heute noch im Stadtbild sichtbar. In der Nähe des Hafens befindet sich der *Parque Vargas (tgl. | Eintritt frei | 1st St/2nd Ave)*, dessen Gelände der Stadt einst von einem Obstanbauunternehmen gestiftet wurde. Angelegt Ende des 19. Jh.s, bietet er einen Einblick in die Vegetation der Karibik. Vom Pavillon aus hat man einen schönen Blick auf das Meer.

SEHENSWERTES

CORREO

Das große, um die vorletzte Jahrhundertwende erbaute Eckhaus besitzt die schönsten Fenster, Balkone und Türen der Stadt, dazu eine Dekoration in sanften Pastelltönen. *Südseite des Mercado Municipal*

MUSEO ETHNOHISTÓRICO

Das Völkerkundemuseum bietet Exponate zur präkolumbischen Bevölkerung und zur Ankunft von Kolumbus, daneben Schautafeln zur Geschichte der Region. Eindrucksvoll ist die Ausstellung zum Bau der Eisenbahnstrecke nach Limón. *Di–Sa 9–12 u. 13–16 Uhr | 1 US$ | Av. 2/C/ 4 | Südseite des Mercado in der alten Post | 1. Stock*

ZIELE IN DER UMGEBUNG

BRIBÍ *(🕮 17/C2)*

Der Ort ist Lebensraum für Indianer des Talamanca-Stamms, die für wenig Lohn als Erntehelfer hart arbeiten müssen, und Ziel für Reisende, die sich für die Kultur der *indígenas* interessieren. Das aus einfachen Holzhäusern bestehende, inmitten von Bananenpflanzungen ruhende Dorf liegt 60 km südlich von Puerto Limón an der Grenze zu Panama und bildet mit seiner Umgebung ein Indianerreservat. Treffpunkt ist das türkis gestrichene *Restaurante Bribrí (Tel. 27 51 00 44 | €).*

CAHUITA *(🕮 17/C2)*

Eine von Palmen gesäumte Straße, links Strand, rechts Bananenplantagen, dazu rote Achiotebäume, aus deren Früchten schon die vorkolumbische Bevölkerung Farbe gewann, führt 43 km südlich von Limón in das Dorf Cahuita, Treffpunkt junger Leute, die ein ungezwungenes Leben am Strand führen, das exotisch gewürzte Essen in den *sodas* und die billigen Betten der kleinen Hotels schätzen; Musik und Geselligkeit herrschen vor. Das Zentrum des Orts mit dem nördlichen Nationalparkeingang bietet einfache Restaurants, ist aber weniger attraktiv, auch müssen Sie auf Ihre Sachen gut aufpassen.

Der *Cahuita-Nationalpark (tgl. 8–17 Uhr | Spende erwünscht)* – einer der schönsten Costa Ricas mit Sumpf- und Mangrovenwald, Tukanen, Kolibris und Aras, Affen, Waschbären und Faultieren sowie herrlichen weißen Stränden – erstreckt sich von Cahuita über die nordöstlich gelegene Halbinsel bei Puerto Vargas und südlich am Strand bis Punta Caliente. Der gut begehbare Hauptweg verläuft parallel zu Küste und Strand durch den Wald. Der Nationalpark verfügt über einen kostenlosen Zugang über Kelly Creek. Ein vorgelagertes Korallenriff bietet Lebensraum für knapp drei Dutzend Korallenarten und über 100 unterschiedliche tropische Fische.

PUERTO VIEJO DE TALAMANCA *(🕮 17/C2)*

Auch dieser bunte, lebhafte Ort mit zahllosen Hostels, Restaurants und Bars sowie dunklem Strand, 15 km südlich von Cahuita, ist bevorzugter Treffpunkt von jungen Leuten. Die heißen Tage vergehen mit Volleyball am Strand, zwischen Dezember und April auch mit Surfen. Mückenschutzmittel nicht vergessen und Vorsicht vor der Strömung im Meer! Die INSIDER TIPP *Asociación Talamanqueña de Ecoturismo y Conservación (C/ Principal | Puerto Viejo de Talamanca | Tel. 27 50 01 91 | www.ateccr.org)*, eine Organisation für Ökotourismus und Naturschutz, bietet preiswerte Trekking- und Flusstouren zu den Ureinwohnern in den Dschungel der Atlantikregion. Einen Besuch wert – vor allem mit Kindern – ist das INSIDER TIPP *Centro de Rescate Jaguar (www.jaguarrescue.foundation)* in Playa Chiquita, eine Station für verwaiste, kranke und verletzte Wildtiere, die hier liebevoll gepflegt und wieder aufgepäppelt werden.

PUNTARENAS

(🕮 17/B2) **Puntarenas, groß geworden durch den Kaffeehandel, erstreckt sich über eine 6 km lange Landzunge in den Golf von Nicoya und schließt die Lagune und Bucht El Estero im Süden ab.**
Das schwüle subtropische Klima begünstigt den Anbau von Reis, Bananen und Kokospalmen, für die Puntarenas noch heute Umschlagplatz ist. An der Südseite der Stadt liegt ein langer Strandabschnitt, hier haben die Einheimischen ihre Wochenendhäuser, hier liegen die Boote.

SEHENSWERTES

Spaziergänge auf der Halbinsel, die etwa 50 Calles lang und nur vier bis fünf Avenidas breit ist, verlegen Sie wegen der schwülen Hitze am besten in die Vormittagsstunden oder nach 16 Uhr. Ein Bummel auf der baumgesäumten Uferpromenade *Paseo de los Turistas* (Südseite) führt an vielen Restaurants, Cafés und Bars entlang; an der Nordseite der Stadt geht es vorbei am Hafenbecken mit Werften, Lagerhäusern und Fähranlegern – die Arbeitswelt einer Hafenstadt. In den Gassen der Innenstadt *(Calles 1–7)* und auf dem Markt *(Mercado Municipal) (Av. 3/C/ 2)* herrscht reges Leben.

MUSEO HISTÓRICO DE LA CIUDAD DE PUNTARENAS

Die Geschichte der Stadt, ihres Hafens und der Kaffeeausfuhr wird in kleinen Ausstellungen vorgeführt. Interessant sind die Schwarz-Weiß-Aufnahmen aus der Zeit der vorletzten Jahrhundertwende. *Mo–Sa 9–12, 13–17 Uhr | Eintritt frei | Av. Central/C/ 1 | Casa de la Cultura*

PARQUE MARINO DEL PACÍFICO

Eine Touristenattraktion sind die Krokodilaufzuchtbecken, die Schildkröten, die Pelikane, die mit Verletzungen aufgefunden wurden und hier gepflegt werden, und die tropischen Fische im aufwendig gestalteten staatlichen Park, der sich dem Schutz des Meers verpflichtet fühlt. *Di–So 9–16.30 Uhr | 10 US$ | Av. 4 | alter Bahnhof, 500 m östl. der Mole für Kreuzfahrtschiffe | www.parquemarino.org*

PLAZA CENTRAL

Die Rolle des Parque Central übernimmt hier eine kleine Plaza, an der eine 100 Jahre alte, wuchtige Kirche aus Sandstein steht. An der Nordostecke des Platzes beginnt eine Fußgängerzone *(C/ 5–7)*.

EINKAUFEN

Der Mercado Municipal bietet nicht nur Lebensmittel, sondern auch Kunsthandwerk und Souvenirs. *Av. 3/C/ 2*

ANLEGESTELLEN

▶ PUERTO LIMÓN
Vom Cargohafen, in dem auch die Kreuzfahrtschiffe anlegen, ist das Stadtzentrum fußläufig zu erreichen. Im Hafen stehen Taxis zur Verfügung, Sie können mit den Fahrern Preise aushandeln.

▶ PUNTARENAS
In Puntarenas gibt es zwei Anlegemöglichkeiten für Kreuzfahrtschiffe. Einer befindet sich in Zentrumsnähe, der andere, im Industriehafen Puerto Caldera, ist ca. 20 Minuten Fahrzeit vom Stadtzentrum entfernt. In diesem Hafen stehen Taxis zur Weiterfahrt zur Verfügung.

PANAMA

Mehr als nur der Panamakanal: Das Land bietet landschaftliche Vorzüge, eine exotische Tierwelt und architektonische Extreme.

Ein Bilderbuchland im doppelten Sinne: Janoschs Tigerente hat Panama zwar nie erreicht, doch im Kinderbuch wird von der Schönheit des exotischen Landes geschwärmt, die in Wirklichkeit auch existiert. Das mittelamerikanische Land gehört zwar offiziell nicht mehr zur Karibik, doch paradiesische Strände zum Sonnen oder Surfen gibt es auch hier in Hülle und Fülle, denn immerhin beträgt die Küstenlinie fast 2000 km. An der engsten Stelle des lang gezogenen Landes liegen Pazifik- und Atlantikküste sogar nur 80 km auseinander. An dieser Landenge wurde 1914 der berühmte Panamakanal eröffnet, der es Schiffen erlaubt schneller, billiger und gefahrloser ans Ziel zu kommen, da nicht das Cap Hoorn an der Spitze Südamerikas umfahren werden muss. Westlich und östlich dieser Wasserstraße kann man seine Abenteuerlust in den Naturparadiesen des Landes austoben. Dichter Dschungel, grüne Berge, Täler oder tosende Flüsse – auf engstem Raum ist fast alles vorhanden.

BOCAS DEL TORO

(🕮 17/D3) **Bocas del Toro (Münder des Stieres), Hauptstadt der gleichnamigen Provinz in der Nähe zur Grenze mit Costa Rica, liegt am südlichsten Ende der Isla Colón – nicht zu verwechseln mit der Stadt Colón mehr als 600 km weiter im Westen.**

Die Isla Colón gehört zu einem Archipel mit sechs großen und einer Vielzahl kleiner Inseln, der mit Traumstränden, klarem Wasser und tropischer Natur ein Sinnbild für die Karibik ist. Die Stadt Bocas del Toro, erst zu Beginn des 20. Jh.s von der United Fruit Company gegründet, versprüht karibischen Charme mit ihren bunten Holzhäuschen und dem entspannten Lebensstil ihrer Bewohner.

Viel zu erkunden gibt es im Meer bei Bocas del Toro

Verkürzt das Reisen: Der Panamakanal verbindet Atlantik und Pazifik

SEHENSWERTES

FINCA LOS MONOS

In diesem zauberhaften privaten botanischen Garten etwas außerhalb des Zentrums erleben Sie die farbenprächtige Natur mit exotischen Pflanzen; in den Bäumen turnen Brüllaffen, Faultiere klettern behäbig über Äste (wenn sie denn klettern) und in den unterschiedlichsten Farben schillernde Schmetterlinge gaukeln um nektarreiche Blüten. *Geführte Gartentouren Mo 13 und Fr 8.30 Uhr | Eintritt 10 US$ | www.bocasdeltorobotanicalgarden.com*

ZIEL IN DER UMGEBUNG

BASTIMENTOS-NATIONALPARK

(🕮 17/D3)

Dieser Nationalpark erstreckt sich auf der östlich der Isla Colón gelegenen Isla Bastimentos, auf zahlreichen kleinen Inseln und auch auf das Meer, und das auf einer Fläche von über 13 000 ha. Hier erlebt man wertvolle Korallenriffe, üppige Mangroven, Schildkröten oder Faultiere und dazu eine bunte Unterwasserwelt, die sich beispielsweise beim Schnorcheln erschließt. *Von Bocas del Torro mit dem Wassertaxi erreichbar*

COLÓN

(🕮 18/A1) **Die bedeutende Hafenstadt im Norden Panamas ist auch Anlaufpunkt für Kreuzfahrtschiffe, die in der Karibik unterwegs sind.**

Seine Blütezeit erlebte Colón mit dem Bau des Panamakanals, der Pazifik und Atlantik miteinander verbindet. Zwar besitzt Colón die zweitgrößte Freihandelszone der Welt zum zollfreien Einkaufen in Hafennähe, bietet jedoch innerhalb des Stadtgebiets wenig Sehenswertes und gilt zudem als unsicher, sodass von Ausflügen zu Fuß abzuraten ist.

ZIELE IN DER UMGEBUNG

GATÚN-SEE (🕮 18/A2)

Eine Folge des Panamakanals ist der riesige, künstlich aufgestaute Gatún-See, durch den die Wasserstraße auf einer speziell gekennzeichneten Fahrrinne verläuft. Für kleinere Schiffe und Ausflugsboote gibt es eine alternative Streckenführung. Als Stausee versorgt er die Bevölkerung und Industrie des Landes mit Wasser und deckt auch den Wasserbedarf der Schleusen. Darüber hinaus ist er ein beliebtes Ausflugsziel geworden, denn die Tier- und Pflanzenwelt ist dort sehr interessant. Bei der Flutung der ehemals dicht bewaldeten Senke blieben vereinzelte Hügel stehen, die nun zu Inseln geworden sind. Auf der größten von ihnen, dem *Barro Colorado* Island, ist eine angesehene wissenschaftliche Station untergebracht, wo Tropenforscher aus aller Welt ihre Studien betreiben.

PANAMA CITY (🕮 18/A–B2)

Die Hauptstadt des Landes ist eine Stadt der Extreme. Nicht nur wegen ihrer Größe und ihrer Einwohnerzahl, denn rund die Hälfte aller 3,3 Millionen Einwohner des Landes leben hier, sondern auch architektonisch. Der Kontrast zwischen dem von ultramodernen, glitzernden Wolkenkratzern geprägten Westen der Stadt und der historischen, zum UNESCO-Weltkulturerbe zählenden Altstadt Casco Antiguo könnte größer nicht sein. Dieses 1673 errichtete Viertel sollte man unbedingt zu Fuß erkunden. Es ist geprägt von spanischen und französischen Kolonialbauten in hellen Farben und mit verschnörkelten Balkongittern, die mit vielen Blumen bepflanzt sind. Hier befinden sich auch alle Sehenswürdigkeiten. Einen guten Blick auf die Skyline und den Panamakanal hat man vom bunten *Biomuseo (Edificio 136, Calzada de Amador)*, das Frank Gehry gestaltet hat.

PANAMAKANAL ★ (🕮 18/A2)

Von der Hafenstadt Colón aus haben Sie die Möglichkeit, auf einem Boot den weltberühmten Panamakanal zu erkunden. Er ist nicht nur technisch ein Wunderwerk, sondern auch aus landschaftlichen Gründen sehr sehenswert. Der dichte Urwald reicht hier bis zu den Ufern und so können Sie vom Wasser aus die üppige Flora und Fauna sowie viele exotische Tiere beobachten. In dem bis vor einiger Zeit zugangsbeschränkten Bereich haben Brüllaffen, Krokodile, Schildkröten, Echsen und eine wunderbare Vogelwelt ein fast ungestörtes Refugium gefunden. Entlang des Kanals gibt es auch eine Eisenbahnlinie, die von Colón bis Panama City führt. Ursprünglich wurden hier nur Güter transportiert, doch seit 2001 fährt hier auch ein Luxuszug mit Panoramafenstern für Passagiere. Eine Stunde dauert die Fahrt, die großen Schiffe brauchen neun Stunden für den Wasserweg.

ANLEGESTELLEN

▶ BOCAS DEL TORO

In Bocas del Toro können Kreuzfahrtschiffe nicht direkt anlegen, sondern müssen ankern. Passagiere werden mit Tenderbooten an Land gebracht.

▶ COLÓN

Colón verfügt über zwei Kreuzfahrtanleger, den älteren Cristobal Pier, der wenig frequentiert wird, und das moderne Colón 2000 Cruise Terminal. Für von den Reedereien organisierte Ausflüge warten Fahrzeuge in der Nähe der Anlegestelle. Wer auf eigene Faust unterwegs sein will, findet Taxis außerhalb des Hafens. Handeln Sie Preise vor Fahrtantritt aus.

PRAKTISCHE HINWEISE

BELIZE

GELD & WÄHRUNG

In Belize wird mit dem Belize-Dollar (BZD) bezahlt, der US$ und gängige Kreditkarten werden häufig akzeptiert, ebenso die gängigen Kreditkarten. Mit diesen kann auch Geld an Geldautomaten abgehoben werden.

GESUNDHEIT

Arzt- und Krankenhausbesuche müssen in der Regel direkt bezahlt werden.

SPRACHE

Die offizielle Landessprache ist Englisch.

TELEFON & INTERNET

In Belize wird ein GSM-1900-Netz genutzt. Kostenloses WLAN gibt es in Belize-Stadt in einigen Restaurants und Geschäften.

GUATEMALA

GELD & WÄHRUNG

In Guatemala wird mit dem Quetzal (Q) bezahlt, der US$ wird stellenweise akzeptiert. Mit einer EC- oder Kreditkarte kann an einigen Bankautomaten Geld abgehoben werden.

GESUNDHEIT

Die Gesundheitsversorgung entspricht nicht europäischen Standards.

SPRACHE

Die Landessprache in Guatemala ist Spanisch.

TELEFON & INTERNET

Internetcafés sind in Guatemala verbreitet. Kostenloses WLAN steht häufig in Städten und Touristenzentren zur Verfügung.

HONDURAS

GELD & WÄHRUNG

Die Landeswährung in Honduras ist der Lempira (HNL). Man kann häufig auch mit US$ bezahlen. Gängige Kreditkarten werden akzeptiert. Mit Kreditkarten kann auch Geld am Automaten abgehoben werden.

GESUNDHEIT

Außerhalb von Großstädten ist die medizinische Versorgung unzureichend; Krankenhäuser verlangen einen Vorschuss.

SPRACHE

Die offizielle Amtssprache in Honduras ist Spanisch.

TELEFON & INTERNET

Die in Deutschland gängigen Mobilfunkanbieter haben mit Honduras entsprechende Roamingverträge abgeschlossen. Internetcafés finden Sie in größeren Städten, kostenfreies WLAN steht in Städten auf Plätzen, in Parks und z. T. in Restaurants zur Verfügung.

EL SALVADOR

GELD & WÄHRUNG

In El Salvador wird mit dem US$ bezahlt. Die gängigen Kreditkarten werden in Restaurants und Geschäften akzeptiert. Sie können an Geldautomaten mit Kreditkarten und an einigen auch mit EC-Karte Bargeld abheben.

GESUNDHEIT

Die medizinische Versorgung außerhalb von San Salvador ist unzulänglich und nicht auf modernem Stand.

SPRACHE

Die offizielle Amtssprache in El Salvador ist Spanisch.

TELEFON & INTERNET

Die Mobilfunknetze in El Salvador nutzen die GSM-Standards 850, 900 und 1950. Internetcafés sind insbesondere in Touristenregionen verbreitet, freies

Mittelamerika

Urlaub von Anfang bis Ende: die wichtigsten Informationen für Ihre Reise

WLAN ist in größerem Umfang nur in der Hauptstadt San Salvador vorhanden.

NICARAGUA

GELD & WÄHRUNG

Offizielle Landeswährung ist der Córdoba (NIO), US$ werden akzeptiert. An Bankautomaten können Sie mit den gängigen Kreditkarten oder mit der EC-Karte Bargeld abheben. Läden und Restaurants akzeptieren häufig Kreditkarten.

GESUNDHEIT

Behandlungen und Medikamente müssen direkt vor Ort bezahlt werden. Die medizinische Versorgung ist häufig unzureichend und entspricht nicht europäischen Standards.

SPRACHE

Landessprache ist Spanisch, daneben wird lokal begrenzt auch Englisch gesprochen.

TELEFON & INTERNET

Es empfiehlt sich, vor Ort eine günstige Prepaidkarte zu kaufen. In der Hauptstadt Managua ist an vielen Stellen kostenloses WLAN verfügbar, ebenso bieten einige Cafés in San Juan del Sur freies WLAN an.

COSTA RICA

GELD & WÄHRUNG

Costa Ricas Währung ist der Colón. Preisangaben erfolgen in US$. Selbst in kleineren Orten gibt es Geldautomaten, die internationale Bankkarten akzeptieren. Banken sind Mo–Fr 9–15 Uhr geöffnet. Kreditkarten (Visa, Amex) sind weit verbreitet.

GESUNDHEIT

Die ärztliche Versorgung in der Hauptstadt ist vorzüglich. Ein Malaria- sowie Dengue-Fieber-Risiko besteht in den Küstengebieten und in Regionen unter 600 m. Schützen Sie sich durch entsprechende Kleidung und Insektenschutzmittel.

SPRACHE

Die offizielle Landessprache ist Spanisch.

TELEFON & INTERNET

WLAN ist in Costa Rica noch nicht weit verbreitet. Ein Verzeichnis von Internetcafés finden Sie unter *www.cybercafes.com*, von WLAN-Plätzen unter *www.hotspot-locations.com*. Öffentliche Telefone finden Sie überall, sie werden mit Telefonkarten mit Chip- ode PIN-Code benutzt. Sie können auch Prepaidkarten einheimischer Anbieter für Ihr Telefon nutzen.

PANAMA

GELD & WÄHRUNG

Offizielle Währung ist der Balboa. Dieser ist im Verhältnis 1 : 1 an den US$ gekoppelt. Der US$ wird auch als Zahlungsmittel akzeptiert. In größeren Städten werden die gängigen Kreditkarten häufig akzeptiert. Mit der EC-Karte kann an Geldautomaten Bargeld abgehoben werden.

GESUNDHEIT

Behandlungen und Medikamente müssen meist direkt bar bezahlt werden. Die medizinische Versorgung in Panama entspricht häufig nicht europäischen Standards.

SPRACHE

Panamas Landessprache ist Spanisch.

TELEFON & INTERNET

Häufig ist es günstiger, vor Ort eine Prepaidkarte zu kaufen. Freies WLAN bieten größere Städte an, ebenso manche Restaurants.

KOLUMBIEN

Seit Kurzem erst gehört Kolumbien zu den Trendzielen in Südamerika. Das Andenland ist in Aufbruchsstimmung, seit die Friedensbestrebungen gefruchtet haben und die Touristen hier wieder die bunte Vielfalt der Natur und Kultur entdecken können.

Durch seine Lage am Äquator zeigt sich die Landschaft mit vielen Gesichtern: Nebelwälder, Wüstengebiete, die Bergketten der Anden mit ihren Vulkanen und Gletschern, aber eben auch die Strände am Pazifik und Atlantik. Wem es an den noch unverbauten Karibikstränden zu heiß wird, der bekommt keine halbe Autostunde entfernt in den Bergen deutliche Abkühlung und üppige Vegetation So kommen in diesem Land Liebhaber unterschiedlichster Naturschauspiele auf ihre Kosten. Nicht zu vergessen die Kaffeeliebhaber, denn in den ausgedehnten Kaffeeplantagen im grünen Hochland wächst hervorragender Arabica-Kaffee.

CARTAGENA

(🕮 18/D1) **Die alte Kolonialstadt am Meer gilt als schönste Metropole Kolumbiens. Cartagena wurde im Jahr 1533 von spanischen Conquistadoren gegründet und entwickelte sich schnell zu einem bedeutenden Hafen für Handelsschiffe.** In den kopfsteingepflasterten Gassen der Altstadt geht es kunterbunt und fröhlich zu und das Flair ist faszinierend. Hier finden Sie makellos restaurierte Paläste, Wohnhäuser mit Balkonen und roman-

Bild: Kontrastreich: Alt trifft Neu in Cartagena

Atemberaubende Natur trifft auf wechselvolle Geschichte: Kolumbien ist eine noch unentdeckte Perle in Südamerika

tischen Innenhöfen, imposante Kirchen und Klöster, Restaurants und Straßencafés – und das alles geschmückt mit einer überbordenden Blumenpracht. Das historische Stadtzentrum ist komplett ummauert und Teil des UNESCO-Weltkulturerbes. Besonders schön lässt es sich hier nach Einbruch der Dunkelheit schlendern, dann spielen auf den Plätzen Straßenmusiker, in den Gassen wird leckeres Street Food verkauft und viele Restaurants haben ihre Tische auf verkehrsberuhigten Straßen aufgestellt.

SEHENSWERTES

FESTUNG SAN FELIPE ★

Die Altstadt Cartagenas ist ja an sich schon eine Festung, aber auch außerhalb bauten die Spanier noch weitere Befestigungsanlagen, wie zum Beispiel das mächtige *Castillo de San Felipe de Barajas*. Es ist die wehrhafteste Festung, die die Spanier je in ihren Kolonien errichtet hatten, und wurde tatsächlich niemals eingenommen. Gebaut wurde ab Mitte des 17. Jh.s und Teil der Strategie war ein

MIT KRANKHEIT ZUM RUHM

2016 fand der zwei Jahre zuvor verstorbene Literaturnobelpreisträger Gabriel García Márquez seine letzte Ruhestätte in der für sein Schaffen so bedeutenden Stadt Cartagena. Vor dieser Kulisse spielte zum Beispiel sein epischer Roman „Die Liebe in Zeiten der Cholera". Seine Urne wurde im Innenhof des ehemaligen Klosters La Merced beigesetzt, wo sich auch seine Büste befindet. Rund 500 m entfernt kommt man am Casa García Márquez vorbei, das man an seinem Konterfei auf der Fassade erkennt. Márquez lebte zwar wegen der Unruhen in seinem Heimatland in Mexiko, kam aber immer wieder nach Cartagena, das er als seine Lieblingsstadt bezeichnete. Besuchen kann man das Haus allerdings nicht.

kompliziertes Tunnelsystem, das auch leiseste Geräusche von Eindringlingen weiterleitete. Bei einer Führung erfährt man mehr über die raffinierten Erfindungen des zuständigen Militärtechnikers Antonio de Aréval.

KLOSTER LA POPA

Den höchsten Punkt der Stadt krönt die burgartige Anlage des 1606 als Augustinerkonvent gegründeten *Convento de la Popa*. Aufgrund der Lage hat man von dort aus einen imposanten Blick auf die gesamte Stadt. Aber auch der blumengeschmückte Innenhof und das heute dort eingerichtete Museum sind sehr sehenswert. In der Kapelle können Sie ein Bildnis von Cartagenas Schutzheiliger Señora de la Candelaria bewundern. Ihr Feiertag wird mit einer großen Wallfahrt am 2. Februar begangen. Besucher, die die Hitze nicht gewohnt sind, sollten sich den anstrengenden Anstieg zu Fuß allerdings sparen. Taxis fahren die Haarnadelkurven der Straße schneller und sicherer. *Di–So 8.30–17.30 Uhr | Calle 37*

MUSEO DEL ORO ZENÚ

Sicherlich, das Goldmuseum in der Hauptstadt Bogotá ist das größte seiner Art. Aber selbst die kleine Schwester in Cartagena macht schon klar, wie kostbar und faszinierend die Schmuckstücke und anderen Exponate aus der präkolumbianischen Zeit sind, die zum größten

Teil aus Gold gearbeitet wurden. Ihre Erschaffer, die Zenú, lebten vor der Kolonialisierung durch die Spanier in diesem Gebiet und hinterließen fein gearbeiteten Schmuck, Münzen und Schaustücke. Der Ort ist auch wegen der angenehmen Klimatisierung ein schönes Fleckchen. *www.banrepcultural.org/cartagena/museo-del-oro-zenu-1*

MUSEO NAVAL DEL CARIBE

In einem beeindruckenden Gebäude eines ehemaligen Jesuitenkollegs und Hospitals wurde 1992 zum 500. Jahrestag der Entdeckung Amerikas durch Kolumbus ein Museum eröffnet, das sich der Seefahrt widmet. Gezeigt werden Schiffsmodelle aus vielen vergangenen Jahrhunderten und Glaskästen mit modellhaften Szenen der Seeschlachten, die rund um Cartagena ausgetragen worden sind. Dazu kann man historische Landkarten entdecken und verschiedene Waffen, die von Piraten stammen. Manchmal werden Führungen in englischer Sprache angeboten. *Tgl. 9–17 Uhr | Calle San Juán de Dios No. 3–62 | www.museonavaldelcaribe.com*

PALACIO DE LA INQUISICIÓN

Gegenüber dem Goldmuseum am Plaza Bolivar birgt ein schönes historisches Gebäude aus dem 18. Jh. eine Ausstellung über die Geschichte der Stadt. In mehreren Bereichen werden die Themen Inquisition der spanischen Kolonialherren, Eisenbahnbau von Cartagena nach Calamar, Handelshafen, Sklaverei

Kolonialarchitektur findet sich in der Altstadt von Cartagena auf Schritt und Tritt

So bunt wie das einheimische Obst ist auch die Kleidung der Verkäuferin

und afrikanische Kultureinflüsse sowie kolonialer Baustil behandelt. Viele der Schautafeln sind leider nur auf Spanisch, einige aber auch auf Englisch. Doch die Folterinstrumente der Inquisition haben auch so ihren Schrecken.

EINKAUFEN

Direkt in der 15 m dicken Stadtmauer gibt es mit *Las Bóvedas* einen interessanten Platz für den Kauf von Kunsthandwerk und Souvenirs. Aus einstigen Verliesen, die später als Lagerräume genutzt wurden, sind 23 Läden entstanden. Typische Produkte der Stadt und Region sind Hängematten, Hand- und Reisetaschen, bestickte Männerhemden, Wolldecken und natürlich Kaffee. Auf den Straßen bieten Obsthändler auf ihren Holzkarren tiefrote Wassermelonen, geschnittene Mangos oder Papayas mit Salz an. Ganz Mutige können sich auch in den labyrinthartigen *Mercado de Bazurto* vorwagen, der ist ein Erlebnis für alle Sinne. Wer sich auskennt, kann günstig Edelsteine erstehen. Kolumbiens Smaragde gehören zu den besten der Welt. Dazu geht man am besten ins Viertel Castillo Grande.

LECKER SCHNELLGEKOCH

Das typische *Comida Corriente* (übersetzt: schnelles Essen) ist in Kolumbien ein Stückchen Fleisch mit etwas Gemüse. Aus der Paisa-Region mit ihren großen Rinderweiden stammt die *Bandeja Paisa*, eine typische Platte der Region, die natürlich ländlich deftig ist. Dazu gehört viel Fleisch wie Steak, Gehacktes, ein Würstchen oder frittierter Schweinebauch, das kombiniert wird mit Kochbananen, Spiegelei, Avocado, roten Bohnen und Reis. Wen das nicht sättigt, der bekommt dazu *artepas*, runde Maisfladen, die es auch gefüllt mit unterschiedlichen Zutaten gibt. Beliebt ist auch *ceviche*, ein marinierter roher Fisch, ebenso *empanadas*, gerollte Maispfannkuchen mit Bohnen, Käse, Fleisch und Kartoffeln, *buñuelos*, frittierte Teigbällchen, oder *tamales*, in Bananen- oder Maisblättern gedämpfter Maisfladen, gefüllt mit Fleisch und Paprika.

PRAKTISCHE HINWEISE

Kolumbien: die wichtigsten Informationen für Ihre Reise

ANLEGESTELLE

Kreuzfahrtschiffe legen in Cartagena im Industriehafen an, der ca. 4 km vom alten Zentrum der Stadt entfernt ist. Für Kreuzfahrtschiffe stehen insgesamt sechs Anlegestellen zur Verfügung. Mit einem kostenlosen Shuttlebus gelangt man zum Kreuzfahrtterminal; sowohl inner- als auch außerhalb des Hafens finden Sie Taxis vor; die außerhalb des Hafens sind in der Regel die günstigere Variante.

GELD & WÄHRUNG

Landeswährung ist der kolumbianische Peso (COP). Sowohl Euro als auch Dollar lassen sich ohne Schwierigkeiten in den Peso umtauschen. Mit den gängigen Kreditkarten wie Visa oder Mastercard können Sie an Geldautomaten in der Regel Bargeld abheben, ebenso auch mit der EC-Karte.

GESUNDHEIT

Für Kolumbien gibt es keine verpflichtend vorgeschriebenen Impfungen. In größeren Städten können Sie eine medizinische Versorgung wie in Europa erwarten, anders sieht es jedoch in ländlichen Regionen aus. Daher ist es ratsam, für einen entsprechenden Auslandskrankenschutz mit Rücktransport zu sorgen. Sinnvoll ist es immer, eine kleine Reiseapotheke mitzunehmen; auf jeden Fall gehören Insekten- und Sonnenschutzmittel sowie Präparate gegen Durchfall hinein.

SPRACHE

Die offizielle Amtssprache Kolumbiens ist Spanisch.

TELEFON & INTERNET

Wollen Sie eine kolumbianische Prepaidkarte nutzen, müssen Sie über ein entsperrtes Handy verfügen. In Cartagena gibt es zahlreiche Hotspots für freies WLAN, insbesondere in Cafés und Restaurants.

TRINKGELD

In Restaurants wird ein Trinkgeld von ca. 10 % des Rechnungswerts erwartet. In manchen werden diese 10 % jedoch schon unter der Bezeichnung *servicio* mit eingerechnet. Waren Sie nicht zufrieden, müssen Sie diesen Betrag jedoch nicht bezahlen. Taxifahrer erwarten kein Trinkgeld.

WAS KOSTET WIE VIEL?

Essen	ca. 9 Euro *für ein Drei-Gänge-Menü in einem Mittelklasse-restaurant*
Bier	ca. 0,90 € *für 0,5 l*
Wasser	ca. 0,55 € *für 0,33 l*
Taxi	1,50 € *pro Kilometer*

SPRACHFÜHRER

	DEUTSCH	ENGLISCH	SPANISCH
AUF EINEN BLICK	ja/nein/vielleicht	yes/no/maybe	sí/no/quizás
	bitte/danke	please/thank you	por favor/gracias
	Entschuldige!	Sorry!	¡Perdona!
	Entschuldigen Sie!	Excuse me!	¡Perdone!
	Darf ich ...?	May I ...?	¿Puedo ...?
	Wie bitte?	Pardon?	¿Cómo dice?
	Ich möchte ...	I would like to ...	Querría ...
	Haben Sie ...?	Have you got ...?	¿Tiene usted ...?
	Wie viel kostet ...?	How much is ...?	¿Cuánto cuesta ...?
	Das gefällt mir (nicht).	I (don't) like this.	Esto (no) me gusta.
	gut/schlecht	good/bad	bien/mal
	offen/geschlossen	open/closed	abierto/cerrado
BEGRÜSSUNG & UNTERWEGS	Guten Morgen!/ Tag!	Good morning!/ afternoon!	¡Buenos días!/ días!
	Gute(n) Abend!/Nacht	Good evening!/night!	¡Buenas tardes!/noches!
	Hallo!/Auf Wiedersehen	Hello!/Goodbye!	¡Hola!/¡Adiós!/
	Tschüss!	Bye!	¡Hasta luego!
	Ich heiße ...	My name is ...	Me llamo ...
	Wie heißen Sie?	What's your name?	¿Cómo se llama usted?
	Ich komme aus ...	I'm from ...	Soy de ...
	Bahnhof/Hafen	station/harbour	estación/puerto
	Abfahrt/Abflug/Ankunft	departure/arrival	salida/salida/llegada
	Wie viel Uhr ist es?	What time is it?	¿Qué hora es?
	Es ist drei Uhr.	It's three o'clock.	Son las tres.
	heute/morgen/ gestern	today/tomorrow/ yesterday	hoy/mañana/ ayer
ESSEN & TRINKEN	Die Speisekarte, bitte.	The menue, please.	¡El menú, por favor!
	Könnte ich bitte ... haben?	May I have ...?	¿Podría traerme ... por favor?
	Messer/Gabel/ Löffel	knife/fork/ spoon	cuchillo/tenedor/ cuchara
	Salz/Pfeffer/Zucker	salt/pepper/sugar	sal/pimienta/azúcar
	Essig/Öl	vinegar/oil	vinagre/aceite
	Milch/Sahne/Zitrone	milk/cream/lemon	leche/crema/limón
	mit/ohne Eis	with/without ice	con/sin hielo
	Vegetarier(in)	vegetarian	vegetariano
	Ich möchte zahlen, bitte.	May I have the bill, please?	Querría pagar, por favor.

Kurz und gut

Dieser Sprachführer hilft Ihnen, die wichtigsten Wörter und Sätze in den unten aufgeführten Sprachen zu sagen

FRANZÖSISCH	NIEDERLÄNDISCH
oui/non/peut-être	ja/nee/misschien
s'il vous plaît/merci	alsjeblieft/bedankt
Pardon!	Pardon!
Pardon!	Neem me niet kwalijk!
Puis-je ...?	Mag ik ...?
Comment?	Pardon?
Je voudrais ...	Ik wil graag ...
Avez-vous ...?	Heeft u ...?
Combien coûte ...?	Hoeveel kost ...?
Ça (ne) me plaît (pas).	Dat vind ik (niet] leuk.
bon/mauvais	goed/slecht
ouvert/fermé	open/gesloten
Bonjour!/ Bonjour!	Goeden morgen/ dag!
Bonsoir!/Bonne nuit!	Goeden avond!/nacht!
Salut!/Au revoir!/	Hallo!/Dag!
Salut!	Doei!
Je m'appelle ...	Ik heet ...
Quel est votre nom?	Hoe heet u?
Je suis de ...	Ik kom uit ...
gare/port	station/haven
départ/départ/arrivée	vertrektijd/aankomst
Quelle heure est-t-il?	Hoe laat is het?
Il est trois heures.	Het is drie uur.
aujourd'hui/demain/ hier	vandaag/morgen/ gisteren
La carte, s'il vous plaît.	De kaart, alstublieft.
Puis-je avoir ... s'il vous plaît	Mag ik ...?
couteau/fourchette/ cuillère	mes/fork/ lepel
sel/poivre/sucre	zout/peper/suiker
vinaigre/huile	azijn/olie
lait/crème/citron	melk/room/citroen
avec/sans glaçons	met/zonder ijs
végétarien(ne)	vegetariër
Je voudrais payer, s'il vous plaît.	Mag ik afrekenen.

HOW TO CRUISE

EINSCHIFFUNG

Sie geben Ihr Gepäck nach Ankunft am Kreuzfahrtterminal ab. Achten Sie darauf, wichtige Utensilien, die Sie nach Betreten des Schiffs benötigen, mit ins Handgepäck zu nehmen, da es oftmals lange dauert, bis die Koffer in die entsprechenden Kabinen gebracht worden sind. Am Check-in erhalten Sie Ihren Bordpass und durchlaufen eine Sicherheitskontrolle. Wenn Sie Glück haben, können Sie das Schiff direkt betreten; möglich ist es aber auch, dass Sie in der Wartehalle länger warten müssen, bis Sie an der Reihe sind.

AUSSCHIFFUNG

Am Vorabend der Ausschiffung müssen Sie Ihre Koffer vor Ihrer Kabine bereitstellen. Auch hier gilt: Alles, was Sie am nächsten Morgen noch benötigen, gehört ins Handgepäck.

SEENOTRETTUNGSÜBUNG

Alle Passagiere sind verpflichtet, an der Seenotrettungsübung teilzunehmen, die in der Regel am Einschiffungstag stattfindet. In Ihrer Kabine finden Sie eine Schwimmweste, die Sie für die Übung anlegen müssen. Über Lautsprecher werden Sie über die Übung informiert; begeben Sie sich zu der für Sie zuständigen sogenannten Masterstation, einem Ort bei den Rettungsbooten. Hier findet die eigentliche Übung statt.

RETTUNGSBOOTE

Die Zahl der Rettungsboote an Bord ist international geregelt und übersteigt die maximale Passagierkapazität um 125 Prozent. „Frauen und Kinder zuerst" gilt im Notfall nicht; für Passagiere mit Behinderungen gibt es Boote, die ihren speziellen Bedürfnissen angepasst sind.

Das Traumziel ist schon in Sichtweite

Tipps & Tricks für Ihre Kreuzfahrt

Zum ersten Mal auf großer Fahrt? Wir haben einige Infos und Begriffe rund um das Leben auf hoher See für Sie zusammengestellt

MEDIZINISCHE VERSORGUNG

Auf Kreuzfahrtschiffen ist medizinisches Personal vorhanden; auf größeren Schiffen sogar ein Krankenhaus. Bei schwerwiegenderen Erkrankungen erfolgt eine Überweisung an ein Krankenhaus an Land. Prüfen Sie, inwieweit Ihre Krankenversicherung für etwaige Krankheitsfälle aufkommt, deren Behandlung zunächst selbst bezahlt werden muss. Im Zweifelsfall schließen Sie eine entsprechende Auslandskrankenversicherung ab.

SEEKRANKHEIT

Es ist nicht wahrscheinlich, dass Ihr Schiff in einen Hurrikan gerät, dennoch kann es auch in der Karibik mal etwas unruhiger werden. Die Stabilisatoren moderner Schiffe fangen zwar das Schwanken ab, können es aber im Zweifelsfall nicht ganz unterbinden. Sicherheitshalber können Sie sich vor der Abreise in der Apotheke ein entsprechendes Mittel gegen Seekrankheit kaufen.

LIEGEZEITEN

Vor Landgängen werden Sie darüber informiert, wie viel Zeit Ihnen dafür zur Verfügung steht. Beim Verlassen und bei Wiederbetreten müssen Sie Ihre Bordkarte vorzeigen. Wichtig: Sie sollten für die Rückkehr zum Schiff ausreichend Zeit einplanen. Auch wenn Schiffe eine gewisse Zeit auf verspätete Gäste warten – irgendwann fahren sie los, da verlängerte Aufenthalte im Hafen für die Reederei mit entsprechenden Kosten verbunden sind. Ist es einmal weg, stehen Sie vor einem Problem.

Letzte Hürde: die Gangway

LANDGANG

Sie können für den Landgang Ausflugsangebote inklusive Shuttle-Bus auf dem Schiff buchen und z. B. an Sightseeing-Fahrten teilnehmen. Sie können ihn aber auch eigenständig organisieren. Wenn Sie auf eigene Faust unterwegs sein wollen, finden Sie in den meisten Häfen Taxis; manchmal haben Sie auch Glück und das Stadtzentrum ist fußläufig vom Hafen aus erreichbar.

REEDE

Manche Häfen sind zu klein, als dass große Kreuzfahrtschiffe in sie einfahren können. In diesen Fällen ankern die Schiffe außerhalb, sie liegen damit „auf Reede".

TENDERBOOT

Von auf Reede liegenden Schiffen werden die Passagiere in kleineren Booten, den sogenannten Tenderbooten, für den Ausflug an Land gebracht.

GARDEROBE

Auch wenn die Garderobe an Bord infolge des zunehmend breiteren Spektrums an Kreuzfahrtschiffen inzwischen legerer ausfällt, sollten Sie sich dennoch informieren, welcher Dresscode an Bord Ihres Schiffs vorgeschrieben ist. Als Faustregel gilt: Je mehr Sterne ein Schiff hat, desto formeller ist die Kleidung. Meist wird Ihnen der Dresscode für das Abendessen mit dem Bordprogramm für den jeweiligen Tag mitgeteilt. Viele Reedereien informieren auch auf ihrer Website über den gewünschten Kleidungsstil.

TRINKGELDER

Manche Reedereien erheben eine feste Pauschale zum Reiseende, die auf die Crew umgelegt wird. Bei anderen können Sie selbst entscheiden, wem und wie viel Trinkgeld Sie geben möchten. Erkundigen Sie sich im Zweifelsfall bei Ihrer Reederei nach deren Gepflogenheiten.

KABINEN-INFOS

Normalerweise finden Sie auf Kreuzfahrtschiffen vier Kategorien von Kabinen vor, die sich in Ausstattung und Preis merklich unterscheiden:

- **Innenkabinen:** Sie sind die günstigste Variante ohne Meerblick und räumlich meist recht beengt.
- **Außenkabinen:** Hier haben Sie durch das Bullauge einen Blick auf das Meer hinaus, deutlich größer als Innenkabinen sind sie meist nicht.
- **Balkonkabinen:** Diese Kabinen bieten einen eigenen Balkon, der gerade im warmen Karibikklima ein Pluspunkt sein kann.
- **Suiten:** Die teuerste Kategorie mit besserer Ausstattung, größerem Raumangebot und zusätzlichem Service.

KENNENLERNABENDE

Kreuzfahrten erfreuen sich auch bei Alleinreisenden großer Beliebtheit. Für diese Passagiere bieten die Reedereien entsprechende Kennenlernabende an, bei denen man mit anderen Alleinreisenden in Kontakt treten kann. Keine Sorge, diese Abende sind keine Partnervermittlungsbörse!

BORDRECHNUNG

Alle Käufe, die Sie an Bord tätigen, werden bargeldlos abgerechnet. Bei der Einschiffung registrieren Sie Ihre Kreditkarte oder leisten eine Einzahlung. Die Bordwährungen sind meist Euro oder US-Dollar. Beachten Sie, dass bei Dollarwährung Umrechnungsgebühren bei der Kreditkartenabrechnung anfallen. Vor der Ausschiffung erhalten Sie Ihre Bordrechnung. Was Sie danach bezahlen, wird Ihrer Kreditkarte separat belastet.

BORDPROGRAMM UND GESCHÄFTE

Auf Kreuzfahrtschiffen wird mit entsprechenden (Abend-)Veranstaltungen für Unterhaltung gesorgt. Für Einkäufe stehen Läden und Boutiquen zur Verfügung.

SCHIFFS-ABC

Achtern – hinterer Teil des Schiffes (Heck)
Anker – hält das Schiff an seinem Platz, Kreuzfahrtschiffe haben mehrere
Anker lichten – Hochziehen der Anker vor Abfahrt des Schiffs
Auslaufen – Hinausfahren des Schiffes aus dem Hafen
Backbord – linke Seite des Schiffes in Fahrtrichtung
Beidrehen – Drosseln des Tempos und Änderung der Fahrtrichtung des Schiffes
Bootsstationen – auch Masterstationen genannt; Wartestellen an den Rettungsbooten in Notfällen
Bug – vorderer Schiffsteil
Bullauge – rundes Fenster
Bunker – Treibstofflager auf einem Schiff
Brücke – Von hier steuert der Kapitän das Schiff
Dock – Anlegestelle des Schiffes
Faden – nautisches Längenmaß; 1 Faden entspricht 1,82 m
Flaggschiff – bestes Schiff einer Reederei, oft auch das größte und neueste
Gangway – Treppe oder Brücke, über die die Passagiere Zugang zum Schiff haben
Gieren – vom Kurs abkommen
Glasen – nautische Zeitangabe, die eine halbe Stunde bezeichnet
Hafengebühr – wird in jedem Hafen, abhängig von der Schiffsgröße, berechnet
Heck – hinterer Teil des Schiffes (siehe Achtern)
Informal – englische Bezeichnung für legere Bekleidung an Bord
Jungfernfahrt – erste Fahrt eines Schiffs mit Passagieren
Kapitän – Schiffskommandant
Kiel – von vorn bis hinten durchgängiger Bauteil eines Schiffes, der weitgehend unter der Wasserlinie liegt
Kielwasser – Wasserspur, die ein Schiff während der Fahrt hinter sich herzieht
Kombüse – Schiffsküche
Knoten – nautische Geschwindigkeitseinheit, 1 Knoten entspricht einer Seemeile pro Stunde
Kurs – Fahrtrichtung eines Schiffes
Lee – dem Wind abgewandte Seite
Lotse – leitet Schiffe durch schwierige Gewässer
Luv – dem Wind zugewandte Seite
Mayday – internationaler Hilferuf auf See
Niedergang – (schmale) Treppe im Inneren eines Schiffs
Pier – Anlegestelle für ein Schiff (auch Kai genannt)
Purser – „Zahlmeister" auf einem Schiff, zuständig für Finanzen und Kaufmännisches
Quai – Landungsbrücke
Rumpf – Schiffskörper ohne Aufbauten
Schlingern – seitliches Schaukeln eines Schiffs
Schwesterschiffe – baugleiche Schiffe einer Flotte
Seegang – Wasserbewegung, verursacht durch Wind
Seemeile – nautisches Längenmaß, entspricht 1852 m
Sextant – nautisches Messinstrument zur Ortsbestimmung
SOS – internationales Notrufzeichen
Stampfen – schaukelnde Bewegung eines Schiffs in seine Längsrichtung
Steuerbord – rechte Seite des Schiffs in Fahrtrichtung
Tide – Gezeiten (Ebbe und Flut)
Wache – Dienstzeit der Mannschaft an Bord
Wasserlinie – Höhe des Wasserspiegels am Schiffsrumpf

REGISTER

In diesem Register sind ausgewählte im Reiseführer erwähnte Sehenswürdigkeiten und Ausflugsziele aufgeführt.

REGISTER

IMPRESSUM
Titelbild: Bottom Bay Barbados (© stock.adobe.com/Simon Dannhauer)
Fotos: © stock.adobe.com: Simon Dannhauer (1, 9, 116/117), Ramunas (2, 6/7), Chris (12), SeanPavonePhoto (14/15, 17), travelview (18, 20/21), Stefan (24/25), Caitlin Chock (28), Roger Vorheis (30/31), Jo Ann Snover (32/33), Martin (34), akturer (36/37), ttinu (38), dietwalther (41), Fernando (42), Zack (45), Chee-Onn Leong (47), David Brown (49), Maciej Czekajewski (53), Kit (58), Ruth P. Peterkin (62), haspil (78), Ekaterina Elagina (82), Richard30d (86), Minden Pictures/Glenn Bartley/BIA (92), Jason Busa (94/5), Nataraj (96/97), damedias (99), elvirkin (101), drew (104/105), Nenad Basic (107), joserpizarro (109), Vilant (110), Nadine (128), jdross75 (132), alexmillos (136/137); © mauritius images: Stephen Frink Collection / Alamy (4), imageBROKER/Giovanni Guarino (54), Pearl Bucknall/Alamy (60), Brian Jannsen / Alamy (85), Yanni Georgoulakis/Alamy (112), Judy Bellah/ Alamy (119), age fotostock/Javier Larrea (138/139), Larrea (140), Jochen Tack / Alamy (145); © istockphoto. com: Jessica Hartle (5), Flavio Vallenari (10/11), Kolbz (26), jasoncowellphoto (50), Natalia Sterleva (57), Guido Amrein (66/67), cdwheatley (68), Teacherdad48 (70), Fyletto (75), Wildroze (76/77), Damien VERRIER (81), camdoc3 (90/91), andyKRAKOVSKI (120), AnthonyRosenberg (123), Patrick Gijsbers (124), damedias (131), Anna Bryukhanova (144), apomares (146

SCHREIBEN SIE UNS!

Egal, was Ihnen Tolles im Urlaub begegnet oder Ihnen auf der Seele brennt, lassen Sie es uns wissen! Ob Lob, Kritik oder Ihr ganz persönlicher Tipp – die MARCO POLO Redaktion freut sich auf Ihre Infos.
Wir setzen alles dran, Ihnen möglichst aktuelle Informationen mit auf die Reise zu geben. Dennoch schleichen sich manchmal Fehler ein – trotz gründlicher Recherche unserer Autoren und Autorinnen. Sie haben sicherlich Verständnis, dass der Verlag dafür keine Haftung übernehmen kann.

MARCO POLO Redaktion
MAIRDUMONT
Postfach 31 51
73751 Ostfildern
info@marcopolo.de

1. Auflage 2019
© MAIRDUMONT GmbH & Co. KG

Autoren: Bert Sanders, Karl Teuschl, Gesine Froese, Irmeli Tonollo, Manfred Wöbcke, Birgit Müller-Wöbcke, Michael Auwers
Bearbeiter: Ole Helmhausen, Ralf Johnen

Kartografie und Faltkarten © MAIRDUMONT, Ostfildern

Das Werk einschließlich aller seiner Teile ist urheberrechtlich geschützt. Jede urheberrechtsrelevante Verwertung ist ohne Zustimmung des Verlags unzulässig und strafbar. Das gilt insbesondere für Vervielfältigungen, Übersetzungen, Nachahmungen, Mikroverfilmungen und die Einspeicherung und Verarbeitung in elektronischen Systemen.

Printed in Poland

FSC www.fsc.org
MIX
Papier aus verantwortungsvollen Quellen
FSC® C018236

BLOSS NICHT

Besonderheiten, über die Sie informiert sein sollten

FOTOGRAFIEREN

Seien Sie beim Fotografieren von Einheimischen besonders vorsichtig! Auf manchen Inseln reagieren die Menschen sogar aggressiv, wenn sie nur glauben, auf dem Bild zu sein. Vor allem an der Nordküste Jamaikas ist es diesbezüglich bereits zu unangenehmen Zwischenfällen gekommen.

GELD SCHWARZ TAUSCHEN

Auf Kuba, in der Dominikanischen Republik und auf Jamaika ist der Umtausch der jeweiligen Landeswährung ausdrücklich nur in Banken und den staatlich lizenzierten Wechselstuben erlaubt. Wenn Sie dennoch privat Ihre Dollar einwechseln, könnte im schlimmsten Fall Ihr Urlaub ein jähes Ende nehmen.

DIE SONNE UNTERSCHÄTZEN

Selbst wenn Sie schon leicht vorgebräunt sind oder wenn Sie am Mittelmeer noch nie Probleme mit der Sonne hatten: Hier ist die Sonneneinwirkung so stark, dass Sie leicht als „Lobster" enden können.

UNTER EINE KOKOSPALME SETZEN

Kein Scherz: Durch herabfallende Kokosnüsse sterben jährlich zehn Mal mehr Menschen als durch Haiangriffe! Denn wenn sich so eine Kokosnuss in rund 30 m Höhe vom Baum löst, kann sie eine Geschwindigkeit von 80 km/h erreichen, den Kopf eines Menschen zertrümmern oder sein Genick brechen. Denn leider handelt es sich bei der Kokosnuss um eine verdammt harte Nuss.

JEDES SOUVENIR KAUFEN

Unter den vielen Souvenirs sind auch einige, die Tierschützern Sorgen bereiten: Taschen aus Krokodil- und Schlangenleder, Tierfelle, Schildpattarbeiten, Schildkrötenpanzer, seltene Muscheln sowie Korallen und daraus gefertigter Schmuck. Streng verboten ist die Einfuhr dieser Dinge in das Heimatland ohnehin.

AUF EILE DRÄNGEN

In der Region haben die Menschen mehr Zeit. Erwarten Sie nicht europäische Pünktlichkeit und Zuverlässigkeit von den Einheimischen – das ist ihnen fremd, hier laufen die Uhren anders. Protest, wütender oder unhöflicher zumal, richtet nichts aus, sondern ruft bei den Einheimischen nur Verwunderung oder Ärger hervor.

COMING-OUT

Homosexuellenorganisationen und die deutsche Botschaft warnen eindringlich davor, auf Jamaika sein Schwulsein offen zu zeigen. Schon Händchen halten unter gleichgeschlechtlichen Paaren kann zu aggressiven Reaktionen führen. Besondere Vorsicht ist nach Dancehall-Konzerten geboten, da die Interpreten in ihren Texten gern zu Gewalttaten gegen LGBT aufrufen.